U0575678

智慧的 种子

唐雪梅名师工作室
教师成长日记

唐雪梅

崔丽娟／主编

 吉林教育出版社

图书在版编目（CIP）数据

智慧的种子：唐雪梅名师工作室教师成长日记 / 唐雪梅，崔丽娟主编. —长春：吉林教育出版社，2021.9

ISBN 978-7-5734-0162-5

Ⅰ.①智… Ⅱ.①唐… ②崔… Ⅲ.①学前教育—教学研究 Ⅳ.①G612

中国版本图书馆CIP数据核字（2021）第194388号

智慧的种子：唐雪梅名师工作室教师成长日记	唐雪梅 崔丽娟 主编
责任编辑 孙 瑶	装帧设计 言之凿

出版 吉林教育出版社（长春市同志街1991号 邮编 130021）
发行 吉林教育出版社
印刷 北京政采印刷服务有限公司

开本 787毫米×1092毫米 1/16 印张 12.5 字数 225千字
版次 2022年4月第1版 印次 2022年4月第1次印刷
书号 ISBN 978-7-5734-0162-5
定价 45.00元

智慧的种子

潘映宇　6岁

有这样一个平台
聚着这样一群人

她们睿智
她们憧憬
她们坚持
她们奉献

她们
优雅了文明
健康了心身
游戏了教育
乐趣了人生

在一起，她们
给那纯真的童年
点亮一盏未来的明灯

在一起，她们
给那肥沃的土地
埋下一颗智慧的种子

副 主 编

陆远仪，现任珠海市博爱幼儿园班主任。从事幼儿教育20年，深耕戏剧教育和幼儿心理健康教育，与孩子一起探索生命的美好，相信每个孩子都有其独特的生长方式，跟随孩子的成长之路，支持孩子身心健康发展。

曹卡娜，现任珠海市启雅幼儿园教务主任。2007年毕业于华南师范大学，取得管理学学士学位。爱学习、善思考、乐当下。工作18年，认为最好的教育模式，是浇灌孩子也滋养自己，享受与孩子一起共处的时间，感恩与每一位家长的遇见，在与孩子、家长的互动中一同成长。

雷宇，现任珠海市光明幼儿园副园长。毕业于华中师范大学，取得教育学学士学位。在幼儿园从事教育及管理工作28年，求真务实，慎思笃行，实现了从专科教师到"专家型"教育管理人员的蜕变。

编 委

勾慧玥，现任珠海市光明幼儿园副园长。20多年来，怀揣着教育的梦想，一直活跃在教育一线，挥洒智慧与灵气，诠释执着与勤勉，演绎精彩与感动。2013年被授予珠海市人民政府"先进教师"称号，2016年被评为"优秀实习指导老师"，多篇论文及教案在省、市评比中获奖。

付爱华，现任珠海市香洲区英利幼儿园园长。大学本科学历，从事幼儿教育30余年。珠海市幼儿园教师工作室主持人，香洲区先进教师，市规划课题主持人，主持和参与过多项省市级课题，个人撰写的论文曾获全国、省、市、区多项奖项，《当幼儿园遇到5S之主题篇》一书的编委。

张十文，中共党员，现任珠海市高栏港经济区（南水）中心幼儿园教研组长。2007年毕业于四川内江师范学院，取得学前教育本科学士学位。工作至今，始终以饱满的工作热情投身到幼儿教育事业，注重教育理论与实践的结合，所写的论文多次获奖，多次为幼儿园编排各种文艺节目。2017年在珠海市青年教师技能比赛中获得优异成绩。

编 委

　　何平，现任珠海市香洲区海湾幼儿园副园长。1992年至今在幼教的热土默默耕耘了20多个春秋。担任一线教师的17年里，努力钻研业务，勤于思考，积累了丰富的教学和班级管理经验。走上管理岗位后，用自己对工作的热情和态度教导引领青年教师，帮助他们成长为园级、市级骨干教师，用实际行动诠释自己的初心，和孩子、同事、幼儿园共同成长。

　　陈玉珍，2011年毕业于北京师范大学（珠海校区），现就职于珠海市启雅幼儿园，任教师一职。2020年通过幼儿园一级教师职称评审。工作中，善于观察与分析幼儿心理及行为，撰写的论文及分析报告曾获区级以上二等奖。

　　杨月珠，现任教于广东省阳江市政府机关幼儿园。2017年毕业于华南师范大学本科学前教育专业，2020年通过幼儿园中级教师职称评审。默默耕耘、无私奉献，始终坚守教育教学一线，孜孜不倦，育苗成才。积极探索教育科研，在实践中不断提炼总结，多次在教师技能竞赛、论文评比及指导幼儿比赛中获奖。

编 委

杨燕婷，现任珠海市香洲区梅华幼儿园保教主任。2002年毕业于华南师范大学学前教育专业。热爱幼儿教育事业，对工作具有强烈的自信心和责任感，积极参与课题研究工作，2020年被评选为珠海市香洲区教育系统先进教师。多年来，在我市、区的教学活动设计、论文评比中均获得过一、二等奖，并多次参与开展市、区、园内的对外公开观摩活动。

胡亚敏，珠海市横琴中心幼儿园园长，珠海市学前教育协会常务理事，华发教育公司内训师，中国幼儿园主动学习研究会专家委员。多次赴美国、日本、印尼等国进行幼儿教育的考察及交流，曾参与《解密AH-HA》《乐在心 成于性——教育随笔集》《乐在心 成于性——AH-HA探究之旅》《蒙特梭利教育延伸教材》《智慧堡》等课程书的编写工作。

编　委

梁凯雯，现任珠海市香洲区海湾幼儿园副园长，幼儿园高级教师，珠海市学前教育协会理事。本科毕业于华中师范大学，先后被评为珠海市先进教师、获"香洲先锋"共产党员等称号。持续10余年开展幼儿探究式学习科研探索，多篇论文获省、市奖项并发表。参与编写的书籍《幼儿园探究课程怎么做》《幼儿园探究活动案例》由复旦大学出版社出版。

黄敏，现任阳江市江城区幼儿园教师。迄今已在幼儿园这个领域里辛勤耕耘了12个春秋。她用自己的一举手、一投足、一个美丽的微笑、一个鼓励的眼神，去拨动那一个个美妙的心弦。盛开的桃李给她带来了无限快乐。曾获"优秀共产党员""优秀教师""优秀指导老师"荣誉称号。并多次在教师技能竞赛和论文评比中获奖。

序言

　　为促进教师队伍专业化发展，不断提升教育质量，广东省教育厅、广东省财政厅实施了中小学名教师、名校（园）长工作室项目。在学前教育阶段，幼儿园名师工作室是该项目的重要组成部分。

　　广东省唐雪梅名师工作室于2018年9月正式启动。在过去三年多的建设和发展过程中，工作室主要采用以师带徒的培养形式，将十余位成员组织起来，共同开展基于线上和线下的学科研究、教改探索和教学磨炼、学校管理实践与研究，以实体与网络相结合的方式，开展了灵活多样、卓有成效的工作。在实践、观摩、反思、研讨、交流的循环过程中，工作室成员不断总结和打磨，以图文并茂的日记形式，凝练了每位成员的所见、所思、所悟、所感，汇聚成了《智慧的种子》一书。

　　细品书中的每篇日记，切身感受到字里行间，无不生动再现了每位成员三年多来的成长足迹：曾有的迷茫、专注的探索、热烈的讨论、会心的领悟、成长的喜悦……这不禁让我想到了德国哲学家卡尔·雅斯贝尔斯的名言："教育就是一棵树摇动另一棵树，一朵云推动另一朵云，一个灵魂唤醒另一个灵魂。"这句折射出名师工作室价值的名言，也让我们更深刻地思考：幼儿教育的"智慧"是什么？"智慧的种子"是如何播撒，又是如何生根发芽、茁壮成长的？所幸，《智慧的种子》用最朴素的文字，给了我们最朴实无华的答案：

　　智慧是"发现自我"。有智慧的教师，深谙"学无止境"之道，善于在成长过程中不断认识自己。正如工作室成员张十文老师在"专业路上不言败"的日记中所感悟的，虽然自己已有长达14年的一线工作经

验，但"我似乎从来没有好好想过自己的优势和劣势，我的机遇和挑战又是什么？一直周旋在工作、家庭之间，每天上班下班，麻木到我已经忘记了当初为什么还继续留在这个岗位的初心，我还能做有魅力的幼儿园老师吗？"这是很多成熟骨干教师共有的困惑。正是通过工作室的学习，张老师和很多其他工作室成员一样，重新燃起了对专业成长的热情和活力，孜孜以求地上下而求索，不断发现和完善自我。

智慧是"看见幼儿"。看见，不只是映入眼帘，更是植根心中。当一位教师心中有幼儿时，就会用心观察幼儿的言行，感知幼儿的喜好，分析幼儿的能力。教师只有立足于"幼儿为本"的理念，才会精心设计幼儿所喜爱且有意义的游戏活动。曹卡娜在《跟着蜗牛去散步》一文中引用霍力岩教授所言，优秀的幼儿教师，要"走在前边、躲在里边、陪在身边、跟在后边"。这就是体现在幼儿教师身上的智慧：引导而不替代，鼓励而不催促。教育就是积极的陪伴，如同充满"智慧"的艺术：拿捏得准，把握得稳！例如，在游戏活动的每个环节，如何通过有趣的活动设计，减少幼儿的消极等候？如何将幼儿的生活经验和身边的素材，转化成为幼儿园的课程和操作材料？看似简单的每一项活动，无不渗透着教师们的用心和智慧。

有智慧的教师，不满足于自身的成长。他们知道，教育质量的提升，需要靠所有幼儿教师的共同努力。正是因为这样，有智慧的教师，既乐意将自己的智慧传播给其他老师，也明晰"三人行，必有我师"的哲理，在相互交流中携手共同成长。付爱华老师通过自己的经验，让新入职的教师感受到"沟通让前路畅通无阻"，她将自己与团队成员、与家长沟通的经验，毫无保留地传递给新入职的教师，让她们少走了弯路，更快地适应了新的角色。作为美术创意组的成员，杨月珠为了上好一节"陶艺"公开课，教案数易其稿，活动不断打磨，一丝不苟，倾情投入，为的是能给新教师带来一些启迪。

一花独放不是春，百花齐放春满园。《智慧的种子》一书，凝练

了唐雪梅名师工作室成员的教育智慧。希望这本书的出版，能够将其中的智慧传播给更多的幼儿教育工作者，让更多的幼儿和家庭能从中受惠！

　　是为序！

郑福明

华南师范大学教育科学学院

2021年6月22日

前言

　　广东省唐雪梅名师工作室于2018年9月正式启动。在这个新学年的伊始，工作室主持人唐雪梅老师，将引领着工作室10余位成员，踏上崭新的旅程。工作室成员，既是经验丰富的幼教骨干，也是大胆求新的幼教青年，她们渴求进步的意愿，就如同种子渴求甘露一般，是一种发自内心的生命本能。

　　教师常常被比作"燃烧的红烛、辛勤的园丁或是灵魂的工程师"，但工作室的教师们在主持人的指引和培育下，更愿意将自己比作一粒小小的种子。种子虽然微小，却拥有强大的生命力量，总会向着有阳光雨露的地方蓬勃生长，我们不仅期望像种子那样破土而出、茁壮成长，还期望是能够启迪智慧的种子。我们在工作室的学习与交流中得到了智慧的滋养，我们多么想，将我们的成长与喜悦分享给彼此，分享给跟我们一样热爱学习、热爱幼教的同行。

　　回顾三年多的学习旅程，我们这一颗颗的种子，探出小芽，沐浴着微风，翩然于暖阳，沉浸在智慧中，渐渐的、悄悄的……心头的枝丫，已挂上了花。在此，我们采撷心间缤纷的花朵，或清雅、或明媚、或端庄、或娇巧，集结成书，并映衬着学习活动的主题或形式，将繁花归纳入五个篇章，分别是发现自我、看见孩子、启迪新手、热忱帮扶和连线云端。

　　一枝独放春来到，夏华秋实芳满园，智慧的种子已在我们心中生根发芽……

目 录

智慧的种子
——唐雪梅名师工作室教师成长日记

第三篇　启迪新手

第四篇　热忱帮扶

第五篇　连线云端

第一篇

发现自我

无论我们长大到多少岁，每个人内心的深处依然住着一个孩子，充满好奇、充满困惑、充满向上生长的渴望！唯有我们不断地进行自我的追寻、发现和自省，或许才能与更好的自己不期而遇……

成长永远在路上

个人只有不断学习、不断成长，才有可能遇见更好的自己。

2018年7月，我刚刚结束了珠海市朱小艳名园长工作室的学习，正在思考自己在这个过程中收获了什么，还有哪些方面需要提升，接下来该参加什么样的学习……内心有着满满的冲劲，又有着不知从何下手的迷茫，期待着有一位成长导师继续引领着我前行。就在这时，我接到了市教育局的通知，告知我将成为广东省唐雪梅名师工作室的成员，跟随唐园长学习三年，这个好消息就像一束光照亮了我前行的方向。

按照惯例，进入工作室后的第一件事就是制定个人成长规划。与以往不同的是，这次做规划前，由几位教授针对"如何制定个人规划"进行了系列培训。在培训中，详细地介绍了相应的分析工具，指导我们深入地进行自我剖析；同时，在我们制定规划的过程中，工作室的成员之间会相互讨论，彼此给予建议；而且还邀请了专家一对一地对规划进行指导。这样一个深入的过程，不只是完成了一份规划，还能够真正帮助我们发现自己、了解自己、认识自己，从而激发内在学习的动力，找准适合自己成长的定位及努力的方向。

1. 成长之自我分析

大多数人想要改造这个世界，却罕有人想改造自己。平时好像挺了

解自己，可是真正静下心来，通过SWOT剖析自我时，会有很多新发现。以前一直觉得自己是个积极主动的人，可通过分析却发现我遇到很多问题时会不自觉地退缩。当同伴问道："为什么你这么多年没有评过职称？"我会用在私立园更看重能力来掩饰。又有人问道："为什么近些年你没有论文获奖？"我告诉她们，因为当了园长后要帮年轻教师改论文，自己就没有时间写了。很显然，这些都是在为自己停止

成长找借口。我还发现，在工作中克服的一个个困难都可能成长为自己的优势。我有多年在公办幼儿园和民办幼儿园的工作经验，以前这两种不同的办学体制给我带来了很多的困扰，那时我学着适应困难、接纳挑战时，我已经在默默地成长了，当我再接手管理一所新的幼儿园时，能很好地把两者的办学优势运用到园所管理中。借鉴科学的工具及同伴的视角，帮我打开了一扇更加客观了解自我的窗户，只有剖析劣势、深挖优势、直面挑战、把握机遇，才能更好地提升自己。

2. 成长之目标明确

　　伟人之所以伟大，是因为他与别人共处逆境时，别人失去了信心，他却下决心实现自己的目标。清晰的目标，是人生前进的GPS，个人规划中很重要的一个部分就是制定适合自己的目标。

　　有一位朋友对我说："你这么年轻就当上了园长，以后就不用那么

辛苦了，比别人少奋斗很多年。"听完她的话，我的内心有一种莫名的悲凉，难道一名幼教工作者当上了园长就是人生奋斗的终极目标吗？我们幼教圈里有很多这样的案例，她们看似很优秀，但对自己的人生没有什么规划，她们很认真地按领导的要求做，做好了就当了班主任，班主任当好了就成了年级组长，年级组长当好了就成了教学主任，最后成了园长。可是当了园长后，就没有了领导的要求，职称也评好了，她们就失去了前进的动力，然后就只剩下默默地等着退休了。我身边有着一位几十年管理经验的优秀园长，她在30岁就当了园长，可是她不断地突破自我，办新园、做课题等等，她不仅专业能力越来越强，在行业里有一定的话语权，办的幼儿园更是高品质的代表，更让我崇敬的是她身上那股比很多年轻人还要鲜活的生命力。是的，人生的每一个阶段都应该有为之奋斗的明确目标，引领着我们不断地学习，并保持着成长的活力。只有这样，我们的生命才会更加的鲜活，生活才会更加的绚丽。

3. 成长之重在执行

人生伟业的建立，不在能知，乃在能行。陶行知先生说，知是行之成，行是知之始。有目标、有方案后，最重要的是执行。记得我园在筹建初期，大家讨论使用什么样的课程时，很多人建议直接使用IB课程、高瞻课程、创造力课程或是瑞吉欧课程等，但是我们却选择了一条艰难的路——构建属于中国人自己的AH-HA课程。园领导带着骨干教师一起到国内外知名园所参观学习，然后在幼儿园一个班进行试点，再到全园铺开，周周都进行教研，月月都进行反思。教师们因为没有固定的教学模式而迷茫、痛苦，却也是因为这种模糊的课程概念，让大家充满了想要把它做好的动力。经历了学习借鉴、实践探索、反思改进、总结提升，我们的AH-HA课程从理论基础、课程目标、课程内容、课程形式到课程评价都有了一个雏形，相信只要我们继续努力，它不仅会成长为一个民族课程品牌，还会造福更多的孩子。

　　成长是一曲刚健的歌谣。走进田间地头，听拔节声声，走进森林旷野，听万籁和鸣。躁动与喧腾，追逐与奋争，这就是成长的旋律。在成长的行列里，弹奏的是辉煌的音响。成长永远在路上……

胡亚敏

2018年8月14日

规划成长之路，做最好的自己

越来越喜欢参加各种学习活动，不是为了"躲清闲"，而是在每次的学习中总能有惊喜。广州第二师范学校的这期"名教师、名园长工作室培养对象研修项目"来得真值！开篇第一场"SWOT分析"如醍醐灌顶，直接震撼了我。在幼儿园里，教师们每学期都要做个人计划总结，但往往流于形式，写出来的东西总是"老三样"——师德、班级工作、家长工作等，都是基于一学期或一年的常规工作规划，很难从计划中看到针对性的长远发展，对于教师的个人职业规划和发展更是缺少促进作用，今天这个培训让我对规划自己的努力方向，有了前所未有的冲动，从刚开始听到这个题目时的懵懂到一步一步清晰分析的内容，并开始思考规划，积极参与讨论，从被动到主动，体验到自己内心的转变。

SWOT分析一般运用在企业管理，S（strengths）是优势、W（weaknesses）是劣势、O（opportunities）是机会、T（threats）是威胁。按照企业竞争战略的完整概念，战略应是一个企业"能够做的"（即组织的强项和弱项）和"可能做的"（即环境的机会和威胁）之间的有机组合。结合到幼儿园工作就是将与工作密切相关的各种主要内部优势、劣势和外部的机会、威胁等，通过调查列举出来，并依照矩阵形式排列，然后用系统分析的思想，把各种因素相互匹配起来加以分析，从中得出一系列相应的结论，而结论通常带有一定的决策性。在幼儿园工作中，我们并没有那么多的数据进行分析比对，却可以通过这种模式的分析，规划自己的成长路径。运用这种方法，可以对教师个人所处的情景进行全面、系统、准确的研究，从而根据研究结果制定相应的发展战略、计划以及对策。可以帮助教师在成长的道路上认清自己，反思以往，规划未来，目标明确，快速成长。对我们这种新园的教师的个人职业规划也一定会有所帮助，等回到园内，我一定要将它进行推广，让教师们受益。

付爱华

2018年11月25日

今天幼儿园举行运动会，忙碌一天下来我真有点累了，约了教师们4日晚上进行SWOT分析的分享，打起精神做好准备。再次回看SWOT分析的四个步骤：优势、劣势、机会、威胁。每个人都有不同的优势和劣势，同时也面临着不同的机遇与威胁，如何避开劣势，或转换劣势使自己的优势更加突出，才能激发教师在职业道路上更加自信，有冲劲。以正确的心态接纳自己的劣势，有目的地克服自身存在的劣势或通过不断学习来弱化劣势，也不失为一种好的调整方法，在分享中要激励教师坦诚地面对自身的劣势，只有正确地面对，才能找到方法去改进。很多人对自己的优势并不清晰，只是单纯地认为自己喜欢的或是擅长的便是优势，其实不然，很多自己喜欢的或自认为擅长的，可能在他人的身上会表现得更加突出，而每个人都有自己不经意，却存在的隐形优势。例如：个人已经拥有的各种资历、人际关系，存在某一种特殊的品质，某一种特殊的气质，擅长处理问题的方式和态度。不能找对自己的优势便无法善加利用，无法最大化凸显个人优势。

面对大环境，各种机会与威胁是普遍存在的，大同小异，但个人自身的优势决定了自己是否能把握我们稍纵即逝的机会，决定了自己是否能有能力解决存在的威胁。

付爱华

2018年12月1日

在晚上的培训分享中，我感受到教师们在参与SWOT分析时的转变，有那么一点小欣慰。大多数的教师为了完成一次任务而参加培训，从刚开始的不以为然地听，接受一个新的计划模式，到被动

地开始思考，快速地书写下自己的优势，纠结着寻找自己的劣势，在书写机会和威胁时很有意思，几乎是人云亦云，看到别人写了什么自己没有写会赶紧补上，刚开始大家的计划几乎是大同小异，随着计划逐步完善，教师们开始在不断地观摩他人的分析中静下心来思考，哪些才是自己真正的优势？这个过程对教师们来说是一个好的开始。认清自己的优势，才能善加利用，了解自己的劣势，才能有意识地回避或是改进，分析自己所拥有的可能存在的机会与威胁，当人有威胁感的时候，便会努力争取，试图摆脱威胁，而摆脱威胁则需要自身不断强大，有足够的力量面对，当教师们清晰了自己的境地和努力的方向后，大部分能编写出切实可行的成长计划，而计划的内容也从笼统的大方向转为清晰明确的阶段性目标。

付爱华

2018年12月4日

第一次聆听外国教育专家的讲座

2019年11月，我非常幸运地有了一次难得的外出学习机会，工作室一行五人来到了美丽的海滨城市——厦门，参加中国学前教育研究会组织的"专业标准与实践策略——促进幼儿教师专业发展"国际学术研讨会。

看到"专业发展"这个词，我刚开始抱着怀疑的态度，因为国内大多数幼教一线的教师似乎都参加过无数次类似的学习，组织方凭几天时间就能把专业发展给讲明白？而且这一次还是由两名外国友人讲解，一方面我开始担心语言交流障碍，虽然我在大学期间也通过了英语四级考试，但十几年过去了，英语知识早就还给老师了；另一方面又感觉外国友人对我们国家的幼教现状了解不多，他们能对症下药吗？带着各种疑问，我们开始紧张而又忙碌的学习，信息量非常庞大，我们每天除了用餐和睡觉的时间以外都在不断地上课、充电。记得当时一走进学习大厅，工作人员就发给学员们一本薄薄的书本《读懂幼儿的思维：幼儿的学习及幼儿教育的作用——图式》，翻了翻，很节省地没印几页纸，我内心开始犯嘀咕：好吧！老外就喜欢玩心理战术！心理学是你们的强项，看看这次又有什么新理论吧！

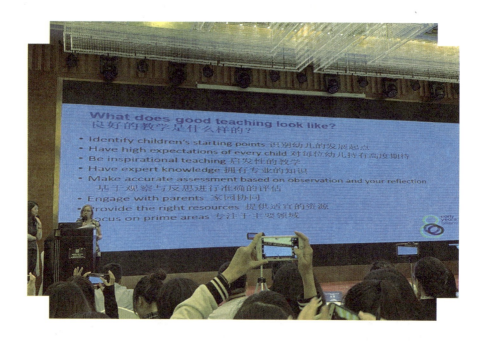

　　整个学习大厅挤满了来自全国各地的一千多名幼教工作者，由于语言不通的障碍，外国专家的每一句话都需要当场翻译成中文解读出来，整个学习节奏紧凑、氛围严肃，在场的每一位学习者都非常专注地聆听着讲解，这是我第一次参加这样大规模的国际学术学习，当我整理笔记时，发现我用文字记录的资料非常少，手机拍摄下的视频占据了大量的空间，因为大部分时间都在听英国幼教专家描述英国幼教的过往、现在以及将来发展的趋势，回想以往的交流学习都是记录大量篇幅的文字，这次的学习带给我的更多的是教育观念的转变和革新，在国内外幼教理念的对比下，如何去影响和成就一名教师的专业发展之路。

　　英国幼教专家录制了大量的国外幼儿的视频，有生活的、有游戏的、有学习的，幼儿在宽松自由的环境中释放天性，让我印象深刻的是一段著名的森林学校的视频，学校把幼儿们学习技能的过程搬到了野外，幼儿们通过与同伴、教师一起在野外生存，习得了各种生活经验，

幼儿们需要体验生活的酸甜苦辣，这比室内的说教更加有说服力和感染力。与此同时，我们还观看了大量的视频案例，了解国外幼儿在幼儿园中的日常生活以及教师的教育策略，能看出的是国外的幼儿由于从小受到约束相对较少，环境相对轻松，这些无形的教育对幼儿的成长都是非常有益的。我们国家的教育，也正在努力朝着优质的教育路线转变。

　　宝贵的学习时间很快就结束了，我希望把我学到的、听到的、看到的带回给我所在的单位。因为学习时坐的位置比较靠前，所以幸运地将专家为数不多的几张讲义拍得非常清晰，当我制作PPT的时候，我把英国专家的讲义照片放进了我的分享中，希望能尽可能地还原当时的学习内容，加上自己的理解和语言，把我的感悟和体会分享给我的珠海的同事们。

张十文

2019年11月15日

向着段位高手出发

我们园所新开园有一个来月了，这是一个全新的开始，从一开始的手忙脚乱，到现在的渐入正轨，特别是当我到各个班级，看到教师们在新的环境中，时而手足无措、时而会心微笑的模样，就会想起自己刚到幼儿园时的样子，想起那段青涩的时光。

记得2007年，在毕业实习的时候，班主任老师说："你讲个故事给小朋友听吧"，"啊……我……没有准备呢"，那时候面对小朋友完全没法张口呢。现在不仅面对小朋友，即使面向家长、同行都能自如大方地、有声有色、有理有据地表达。一个幼教小白的成长，真的是需要时间的磨砺，要通过每天各个环节中与孩子的对话、相视和相拥，一点点地、一步步地积攒起前进的勇气与力量！

所谓"知己知彼，百战不殆"，在教师发展的过程中，转化一下，把教师假设成一位"跆拳道选手"，"知己"就是首先要了解自己目前所处的段位、了解自己的整体情况和专业细节表现，"知彼"就是要充分了解我们的教育对象——幼儿，了解他们的发展规律、发展需要，只有这样，在我们与幼儿交互的过程中，才能保证清晰的思路、正确的方向，进而不断提升我们的专业能力。

在确定自身段位、了解自身专业能力优劣势的时候，《幼儿园教师专业标准（试行）》（以下简称《专业标准》）无疑成了教师们的一面镜子。记得在2019年11月，工作室组织我们参加了"幼儿园教师专业标准与实践策略"的学习，结合自身和身边教师们的情况，我又对教师《幼儿园教师专业发展标准（试行）》的内涵有了新的认识。

教师专业发展的段位，我觉得大致可以划分为：新手阶段（1～2年）、熟手阶段（3～5年）、骨干阶段（5～10年）、精英阶段（10年以上）、自主阶段。目前，我已经从事幼教工作13年有余，我所处的段位大概在精英与自主之间，我虽有自身的优势，但每当我对照《专业标准》，就发现自己还有许多有待提升的方面，发展的空间还很广阔。

我们园是9月新开办园，由于今年各区都在全力扩充公办园学位，所以教师非常紧缺，我们园在临开学前也招足了教师。我们园一共有12个班级，配备了24位班级教师和3位专科教师，她们之中从事幼教行业最久的有3位，大约10年；有4位是新毕业的；还有4位是有教师资格证，但没

从事过幼儿教育的；剩下的大部分教师都从事过2～8年的幼教行业。可见教师们的专业素养已经基本具备，如何进一步提升教师们的专业水平成了我们共同思考的问题。

《专业标准》划分为"专业理念与师德、专业知识、专业能力"三大方面，14个项目，共62条细致标准，同时指出了教师培养、准入、培训和考核的四大基本理念："师德为先、幼儿为本、能力为重、终身学习。"

在坚持《专业标准》四大理念不动摇的基础上，更进一步，2020年3月，教育部教师工作司发布了《幼儿园新入职教师规范化培训实施指南》（以下简称《培训指南》）。我在阅读了这份《培训指南》之后，发现它不仅对新入职教师的专业发展很有帮助，而且对处于任一阶段的教师都是一盏指路明灯。

《培训指南》一共聚焦于四个方面，分别是"师德修养与职业信念、幼儿研究与支持、幼儿保育与教育、教育研究与专业发展"，并凸显了对"幼儿研究与支持"和"幼儿保育与教育"两个方面更前沿、更高层次的专业要求，对我们的专业发展提出了新的挑战，也为我们提供了新的发展思路。《培训指南》里还有一项特别让教师们受益的，就是在各个发展模块指标中，还相应给出了任务要求。比如，模块"师德修养与职业信念"中的专题之一为"来自榜样的力量"，有两个要点：一是优秀教师事迹；二是认识"四有好教师"应该什么样，相应的任务要求：读一本师德修养方面的书以及展开一次关于"四有好教师"的讨论。这样清晰具体的目标和任务，解决了教师们无从下手的问题，让提升能力脚踏实地、切实可行。

　　于是，我们又在这份《培训指南》的指引下，再次审视自身专业水平状况。在任务要求栏的右侧再插入一栏"自评"，分为"优良、一般、待加强"三个水平档次。完成自评后，综观整体，先找出自身最需要、最想要提升的一两点，列入下学期发展计划，完成相应的任务。接着以螺旋式上升的方式，循序渐进地制定自身近年的发展规划。计划中体现出教师的发展目标、有待完成的任务，以手册和活页任务单的方式完成和记录，成为教师成长档案的一部分。

　　对于这份标准，我最关注的还是"教育研究与专业发展—生涯规划—了解生涯发展和制定生涯规划"这个项目，这个项目的任务有四个：一是精读一本相关著作写出启示；二是倾听并转述师傅的职业生涯难忘瞬间；三是制定三年规划、畅想十年目标；四是写出自己喜欢的榜样的特点和成绩。

　　之所以关注这个项目，是因为不仅我自己是一名尚在发展的教师，

智慧的种子
——唐雪梅名师工作室教师成长日记

同时作为园长，我也要起到带动引领全园教师乃至每名教职工专业发展的作用。按照这几个任务，我大概准备和思考了一下下一步的计划：一是阅读著作《中外教师专业发展研究：热点、问题与对策》以及《竹节的力量——关键事件与幼儿教师专业成长研究》等，写下读书笔记和心得体会。二是向工作成绩卓著的园长和教师们求教，询问她们在职业生涯发展历程中令自身难忘的事情。三是制定三年发展规划，我的发展规划会更多地结合园所的发展需要，在依法办园和办园特色方面做出探索和尝试；畅想十年后的自己将是什么样子的，希望自己能成为一名更加从容和富有内涵的教师，加深自身对哲学、美学的认识，对教育本真的追寻，仍然有一颗对幼教事业赤诚的心。四是不仅在内心里，而且在行动中用榜样激励自己。

在教育领域的大家自不用说，我心中还有一位榜样，那就是开国大典电动旗杆的设计制造师林治远，通过影片了解到他在物资匮乏、时间紧迫的情况下，仍然以严谨科学的态度、不分昼夜的辛劳换来了五星红旗在开国大典中的自动升起，高高飘扬。反观自己的工作资源和工作环境，我认为没有什么困难是克服不了的，为了小朋友们的快乐笑颜，付出多少努力都值得！

崔丽娟

2020年10月13日

于细微处寻找本质

记得幼师刚毕业时，同学们都纷纷往深圳和广州求职，恋家的我选择了回到出生地——珠海，但对深圳这座城市，依然向往。2020年12月1日至5日，作为工作室代表的我满怀着激动来到了深圳，参观了好几所幼儿园，感觉自己终于找到幼儿教育的理想殿堂。

盐田实验幼儿园给我留下了极其深刻的印象，她们方方面面都非常注重细节，从学校的环境创设到无微不至的服务态度无不让我心中泛起阵阵涟漪，最让我心动的是她们幼儿园名师云集。参观时进入班级后我的第一感觉就是这里的孩子常规真是太棒了！孩子们规规矩矩的，整个班级的活动也都在按部就班、有条不紊、井然有序地进行着，而且教师们都是轻声细语在跟孩子互动交流着，就连教室里的音乐也只是在浅吟低唱。

我带班时经常会感觉幼儿园更像一个菜市场，教师们有时也会按捺不住自己情绪大声训斥孩子。其实，我们也不愿意这样，只是我们没有找到更好的方式去引导教育孩子。

就如区域活动，我深入地进行了思索：材料是否有趣、可操作性与幼儿能否主动参与操作有很大影响。材料的投放不仅是区域活动的一个重要因素，也是幼儿活动区探索活动的物质支柱，教师应充分发挥主导作用，准备的活动材料应体现因人施教的思想，做到难易、繁简结合，

让每个幼儿都能轻松、自如地使用材料，使幼儿在活动中各方面得到更好的发展，真正达到自我发展的目的。

区域的材料应始终处于动态变化过程中，每个区域的活动内容与材料也应尽可能贴近幼儿已有的知识经验，有利于幼儿获得新的知识经验，循序渐进。在日常活动中，我发现很多材料并没有充分发挥作用，如各种形状的积木只在建筑区里做建筑材料使用，各色绒线只在美工区做美工材料，各种图书只是语言区里的阅读材料……殊不知，这些材料的用途是无限的，只要肯挖掘，很多材料都可在不同的场合发挥不同的教育作用。如何挖掘活动材料的可变性呢？我对活动材料的结构、类型和功能、使用方式进行多方面分析，找到这些材料的变化点，然后引导幼儿进行发现、探索，激发创造的愿望和需要，使幼儿对活动材料进行反复组合、加工和创新，从而使这些材料的教育价值被最大程度地挖掘。如废旧雪碧瓶在美工区就是制作树木、花篮的原材料，在科学区是浇花的工具、漏沙的器皿、探索平衡的材料，在建筑区是造房的辅助材料，在音乐区是变换节奏的乐器——沙球……其实，只要肯多留心，通过灵巧的双手，就算是很普通的材料，也可使之在不同的区域发挥着不同的功能，充分满足了幼儿探索、游戏的需要。

由于每个幼儿都是一个独特的个体，加上年龄、接受能力和生活经验的不同，所以他们在活动中的表现也会有所差异。如果根据每个活动的教育目标提供统一的活动材料，这时有的幼儿会对活动很感兴趣，并且能很好地完成操作，但有的幼儿也会对此活动明显缺乏兴趣，或者根本不想玩，这是因为幼儿的学习水平发展不平衡，有的幼儿能力较弱，思维还达不到这些活动的要求。所以我在选择和投放材料时，要深入了解孩子在想什么，需要什么，喜欢什么，准备做什么，根据幼儿的能力水平，针对同一学习内容，在同一活动中投放不同层次的材料，让幼儿根据自己的方式去学习、去探索、去发展。

　　在投放表演区的材料时，也有一个相应的规律：小班幼儿的材料，要数量多一些，种类少一些，还要适合小班幼儿能力的发展；而中大班幼儿的材料，就可以在一定程度上，减少数量，增添种类，要适合中大班幼儿能力的发展；另外，同一班级中的孩子虽然年龄相同，但是在理解、操作、表达等方面，有着不同的发展水平。因此，在为幼儿准备区域活动材料时，就要根据不同幼儿发展的需要，材料应有难易差异。比如，在益智活动区的"拼图"游戏中，可以投入不同数量、不同形状的拼图，让每个幼儿都能在活动中找到适合自己的材料。能力强的幼儿可以选择数量多一些，拼接口不规则的拼图；而能力弱的幼儿则可以选择数量较少，拼接口较整齐的拼图。由于在游戏中找到了难度适当的材料，幼儿兴趣浓厚，且随着操作次数的增多，幼儿逐渐选择数量多、难度大的拼图，空间形象思维较以前灵活了很多。为此，我又增添了一些其他类型的、难度较高的拼图，更好地满足了幼儿的操作愿望。通过操作活动，每个孩子都能充分地学习和发展，朝着更高的水平迈进。

　　每个孩子都有潜在的创造力，而我们所要做的，便是将他们的创造力激发出来。在幼儿自主学习的过程中，材料是活动的物质支柱，幼儿往往会在玩具或材料的启发下产生联想和创造愿望。因此，在区域化学习活动中，我为幼儿提供丰富多彩的、具有启发性的活动材料，从而解放幼儿的头脑和手脚，给予幼儿足够的自由度，使幼儿充分地表现自我、勇于创新。比如，科学区在"沉和浮"的自主活动中，我先为幼儿提供木块、石块、回形针、纸片、插塑玩具、有盖和无盖的玻璃瓶等材料，让幼儿在操作中，观察哪些东西会沉下去，哪些东西会浮在水面上。在幼儿把这些材料按沉、浮进行分类后，我又给幼儿每人一块橡皮泥，让他们试试怎样使橡皮泥稳稳当当地浮在水面上。幼儿在反复的"玩"中，学会了把橡皮泥做成船形。在这个活动中，橡皮泥是半成

品，幼儿就是通过自己的操作，开动脑筋，想办法解决问题，从而把潜在的创造性表现了出来。

深圳的幼儿园从小为孩子教育打好地基，终将盖起人才的高楼大厦。深圳的确是幼儿教育领域上的一朵奇葩，教师们兢兢业业，为孩子操的那份心和高度的责任感，我心里深感佩服，我真的要竖起大拇指为她们点赞，她们真的是值得我们学习和尊重的榜样。

杨燕婷

2020年12月6日

托起明天的太阳

迎着冬日的暖阳，踏着冬的脚步，这几天通过参观深圳的几所各具办学特色的幼儿园，我由衷地赞叹"广东幼教看深圳"真是说得很对。每所用爱与生命在做教育的幼儿园，因地制宜，遵循幼儿的成长规律，尊重幼儿的个性化发展，让幼儿在幼儿园的学习生活中充满了欢声笑语，园所的每一个角落都是教育的元素，那么的用心，充分反映了教师对幼儿们的爱，让我切实地感受到在这样的环境中学习成长的幼儿们是多么的幸福和快乐。

"一日生活皆教育，一日活动皆课程"，深圳幼儿园办学的质量、创设的环境，走在前列，让我开拓了视野，深圳幼儿园是广东幼教信息智能化的领衔军，起到示范的作用，有很多值得我们学习的地方。

我们在幼教探索的道路上，有着共同的理念：办有温度的教育。是的，我们幼教人的初心是什么，就是带着对幼儿的爱用心培育下一代。

记得我刚踏进幼儿园当幼儿园教师的时候，是那么的稚嫩，看到一群活蹦乱跳的幼儿们我是那么的开心，想跟他们一起玩，那时我感觉回到了我的童年。当我进入班级带班时，有的幼儿不听我的指令，在做他自己喜欢做的事情时，我有些不知所措。经过向有经验的教师请教，自己再不断地调整，我才渐渐走上轨道，有了自己的教学特色，在班级管理工作方面也日益提升。

　　我是一名平凡的幼儿教师，我一直坚信，有爱心、有微笑，教育才有灵魂。我用爱在孩子心中播下种子，用汗水来浇灌、用心血来滋润，始终不忘记当时从事教育事业的初心。我和孩子们平等地交朋友，尊重孩子，理解孩子，用爱的心去教育孩子，呵护他们、走近他们、关心他们，使他们感到师生之间的真诚和依赖。

　　为了更好地在工作岗位上做好工作，我不断地努力提升自己，潜心教研，及时反思、总结。经过锻炼，我从一名青年教师成长为幼儿园的骨干教师。我与孩子们一起成长，是他们陪伴着我成长，是他们给了我欢乐与幸福。他们都是我的孩子，是我的家人，我爱我的每一个孩子，孩子们也爱我。

　　在幼教的生涯中，有令我难忘的孩子。有这样一个小男孩，因父母的离异，他的脸上总是带着忧郁的神情，非常地沉默，总是一副哀伤、无助的样子。我心疼这孩子，走过去抱起他，轻轻地问："孩子，能告诉我你在想什么吗？"他望着我，然后又低下了头，"杨老师，我在想我的妈妈，妈妈为什么丢下我去远方了呢？"泪珠，从孩子的脸上淌下。

　　我抱紧孩子，轻抚着他的额头："孩子，谁说你没有妈妈的，我就是你的妈妈呀！""以后把杨老师当作你妈妈好吗？"男孩露出了灿烂的笑容，这笑容让我心痛……

　　渐渐地，男孩变得爱笑了，会主动与同伴一起学习、一起做游戏。我在全班小朋友面前表扬小男孩热心助人，待人有礼，小朋友们给予男孩鼓励与肯定的掌声，男孩是那么开心、自信。从此，男孩更加积极、阳光。

　　男孩的奶奶有一次与我谈话，奶奶深情地握着我的手，对我说："小志说'最爱杨老师，杨老师是妈妈'！"那一刹那我的心为之一震，眼泪止不住地往下流。奶奶一边擦拭着眼泪，一边握紧我的双手："谢谢您，杨老师！"

　　这件事给了我很大的启发，让我知道，在教育的路上遇到特别需要关照的孩子时，除了将爱融入教育中去，还要及时与孩子沟通，正确地引导，从而发现孩子的闪光点和兴趣，给予孩子肯定与赞赏，才能真正地做到教书育人。

　　我们班还有一名小朋友小乔，他平时不善于言语、不太合群、羞涩，但又会偷偷地去搞些小破坏来引起同伴和老师的注意。刚入园时还有过激的行为，例如：父母或奶奶送园后离开，他会哭闹，用后脑去撞墙，这一行为使得老师非常担忧，曾与他的父母沟通，父母反映在家也会有这种过激行为。这个性格内向且有过激行为的孩子，到底用什么样的方法才能使他活泼开朗起来呢？我对小乔进行了跟踪观察与研究。

　　经过观察了解到小乔平常很少与同伴们交流说笑，也很少走动，特别专注于自己的事情。我引导他跟别的小朋友玩游戏，他也始终只是作为一个旁观者在一边看着。他有一个哥哥上小学六年级了，父母平常要上班，要晚上和周末才有时间陪伴他，平常都是奶奶在带他，长辈对他比较溺爱。

我发现了问题存在的原因主要有：第一，孩子缺乏自信心，内心敏感，对家人比较依赖，与外人接触比较少，平时在家是独自玩，性格孤僻。在幼儿园不会与同伴相处，难以融入集体中去。第二，家人对孩子比较溺爱，有求必应，助长孩子任性霸道的性格。为达到目的会采用过激行为，不会与人沟通。第三，父母平时对孩子的陪伴时间比较少，与家中的哥哥年纪相差较大，彼此不能很好地作为玩伴。

因此，对于小乔这种情况，我决心要帮助他树立信心，改正不良的行为习惯，平时多关心及给予他肯定，多与他交谈，走进他的内心世界。我还做了观察记录并与家长进行了良好的沟通，并采取具有针对性的实施方案，希望能通过各种方法去帮助他取得进步及对不好的行为加以改正。

利用"任务意识"督促小乔跨出第一步，让自信从外在行为练习开始。安排小乔当值日生，餐后帮助老师擦桌子，适时给予指导并表扬肯定。在全班同学面前表扬他做值日生尽职尽责，从而增强他的自尊心，被同伴肯定，让他更愿意与同伴们接触。

我与小乔进行谈话，如果他早上来幼儿园不再哭闹、不做出伤害自己的行为，我就奖励他一颗糖，小乔也点头答应了。当他拿到第一颗糖的时候，笑得是那么开心，相信他的笑中不仅仅是因为得到了一颗糖，更重要的是，他认为自己有进步了，被老师肯定了。

渐渐地，我发现小乔身上的优点：他善良、细心，也看到了他的进步：能遵守纪律，能融入集体中去，还喜欢积极帮助老师做些力所能及的事情。

我平时和他开玩笑，让他渐渐放松，不再紧张，进一步慢慢地信任老师，喜欢老师。同时我还多给他表现机会，让他发现自己的优点。慢慢地，小乔能与同伴友好地相处，也自信多了，每天早上来园都是开开心心的，还喜欢与老师说心里话呢。我很欣慰看到小乔的进步，希望自

信能给他带来更多快乐的阳光。

　　从事幼教事业，类似的经验，相信同行们都会遇到，我们所有与孩子们的故事都是我们的工作体验，都是我们继续前进的动力。从教10年，一路走来，幼儿教育这几年的变化让我更加地坚定前进的步伐，从国家的教育政策导向，对幼教事业的重视，到社会对幼教的关注，幼教从业素质的提高，这一切都在不断地优化与进步。

　　我的选择，我会坚持，始终坚守自己的工作岗位，把爱传递给每一个孩子。我将不忘初心，继续前行，在平凡的岗位上，用爱心与对这份事业的坚守托起明天的希望！

杨月珠

2020年12月8日

专业道路上不言败

我喜欢唱歌、喜欢跳舞，高考那年我不顾全家人的反对毅然选择了学前教育这个专业，就这样走过了四年的大学生涯，2007年那个夏天，我带着对未来生活的梦想与憧憬，带着想成为一名理想幼儿教师的豪情，幻想着在阳光下与一群孩子在草地上玩老鹰捉小鸡的游戏，我踏进了幼教这个阵营。我以为这份职业应该是全天下最有爱心的一份职业了吧！我回到了我小时候的幼儿园，这是一间县公办幼儿园，当我第一天走进幼儿园时，我的美梦就破灭了，周围充满着孩子的哭声、尿湿的裤子、无休无止的打闹，等等，面对一群无法控制的孩子，我语无伦次，我自己也不知道在说什么，我的班主任老师在旁边看着，无比尴尬的我真想找个地洞钻进去，一个大学本科生居然管不了一群幼儿园的小孩。我开始怀疑是否还能坚持下去，看着周围的同学纷纷选择考研或换行业，我把我的想法悄悄地藏了起来，决定找个适合的机会辞职。然而就在第二天我依然束手无策地面对一群闹哄哄的孩子时，王老师走了进来，王老师曾经是我的老师，虽然她年纪已经很大了，身材也开始臃肿起来，但当她笑眯眯地伸出手时，孩子们奇迹般地跟着她一起做起了手指游戏，她的表情、她的神态、她的动作都那么地自然和吸引人，刚刚还在哄闹的孩子顿时跟着她甜甜的声音一起专注地做起了游戏，完全没有一丝违和感。我似乎像一个毫无干系的局外人傻愣地站

在一边，顿时我对自己当年的幼儿园老师无限地崇拜，没想到时隔十几年，她的学生已经走入社会做她的接班人，可她依然充满魅力。于是我坚定地选择留下，决定要做一个像她那样的幼儿园教师。就这样，我坚持在幼教岗位上工作了14年，转眼间我由一名新手菜鸟转变为一名成熟型的骨干教师。

2018年11月，我非常荣幸地在进入唐雪梅名师工作室后再次以学员的身份走进大学校园进行研修，久违阔别的大学校园，可此刻的心情和当时学生身份的感受已经截然不同。当我们坐在充满着现代化教育设备的微课教室里，一起听着台上的讲师的分享和讲解、与同行一起交流研讨时，我不再对自己的专业充满迷茫，而是能将专业和经验融为一体、理论和实践相结合地谈论起自己的见解。

还记得研究制订工作室的SWOT计划，刚开始，对SWOT计划的概

念我是模糊的，我飞快地查阅百度，身边的教师们开始以小组的形式表达、记录，整个环节结束后，每个小组都将自己的计划写得非常全面。然而再想到自身，我的计划是什么？在这过去的14年里，我似乎从来没有好好想过自己的优势和劣势，我的机遇和挑战又是什么？一直周旋在工作、家庭之间，每天上班下班，麻木到我已经忘记了当初继续留在这个岗位的初心，我还能做有魅力的幼儿园老师吗？我需要好好地为自己的事业做出回顾和计划。在回珠海的轻轨上，我迫不及待地拿出电脑开始记录关于自己的SWOT分析表，要想在专业的道路上走得更远，还需要不断地总结反思自己，对自己有清晰的认识和了解，以及接下来工作的走向。我做了14年的一线教师，积累了一些带班经验，我希望把我的专业知识和经验形成文字，及时总结自己在教育工作上的失误，多阅读与专业有关的书籍。同时有机会也可以带动身边年轻的教师，她们就像当年的自己迫切地需要成长。

今年有幸得到了领导的信任担任了我园教研组长一职，这个职位对教师专业型的要求更高、更明确，带着忐忑的心情我开始研究课题的

申报和撰写，虽然还不知道自己申报的课题是否能通过，但我鼓励自己不要放弃，在专业的道路上没有机会说放弃，一旦放弃了就等于放弃了整个工作。虽然目前还有一些家长认为幼儿园教师和保姆没有区别，但是在讲究任何行业都需要专业引领的时代，幼儿教育的专业性会渐渐凸显，幼儿教育的专业性是不可取代的。

张十文

2021年1月13日

探究是一种学习方式，
更是一种生活方式

珠海的冬天有丝丝的凉风，也有淡淡的阳光，寒假的午后是我的阅读时间。这几天看了由广东省唐雪梅名师工作室主持人唐雪梅女士（以下简称唐园长）编写的《幼儿园探究课程怎么做》《幼儿园探究活动案例》两本书，获益良多。

《幼儿园探究课程怎么做》结合实际后的理论升华，易读懂及产生共鸣，该书指出：探究是一种生活状态。《幼儿园探究活动案例》则是实实在在的探究实录，图文并茂地展示了幼儿园开展探究活动的实况。

看着书本里的一字一句，思绪不由得飘回了从前……

那年，唐园长把探究课程引进了我们园，特别邀请了深圳大学费广洪教授指导我们如何开展探究活动，费广洪教授每周一次的讲座，我听得痴迷，很喜欢，迷惑中思考，一知半解中认识着我所不了解并感觉会喜欢的活动模式——探究。

于是，我带着好奇开始了实验之旅。除了费教授每周一次的培训讲座，就是自己上网找资料，由于方向不太对，资料没找到。偶然间发现了海高课程公众号，刚关注公众号时，总是孜孜不倦地翻看公众号里的文章，开始接触了高瞻课程，发现高瞻课程与探究课程有许多共同之

处，一边了解高瞻，一边设想如何开展活动，有哪些方式可以采用，又有哪些方式适合我们使用……

在探究与高瞻课程的对比中，我尝试着与老教师一起开展探究活动"小小建筑设计师"。那次的活动我特别用心，和孩子们一起交流、协助他们组队创造属于自己的房子……活动后更是积极反思：我慢下来倾听孩子；我停下来等待孩子；我不再全场主导活动。第一次，我感觉自己有一点点像探究活动的教师了，并在生活中发现了许多我所不知道的属于自己的探究习惯。

这一年，我又接了新小班，孩子们对幼儿园特别感兴趣，总是喜欢探索，一会儿在草丛中、一会儿在楼梯口、一会儿在厕所马桶边、一会儿又在储物间……而我开始带着班上的年轻的老师一起蹲下来"偷听、偷看和偷拍"……

　　除了探究和高瞻课程之外，我陆续知道并了解了一些著名课程：瑞吉欧、自然生命、aha项目、steam等，时间原因我没有深入其中了解及学习，但通过书本与网络，我发现各种课程都有其独有的特点，又有许多共同之处，如：培养良好学习品质。在良好学习品质中，探究是非常重要的品质。对于学习品质，我又开始了思考，得出结论：无论是何种课程，终极目标是让孩子拥有良好学习品质，会学习、能学习，而且学习的主战场不仅是学校，还有人生中的其他时刻，也就是《幼儿园探究课程怎么做》《幼儿园探究活动案例》这两本书所诠释的：让探究成为一种生活方式。

　　参与探究课程十多年，当初的热情有所下降，究其原因无非就是：无趣。无趣的不是课程本身，而是活动内容本身，各种虫子开始不再出现，因为灭虫的需要；各种植物不再感觉新奇，因为我看了十几年；各种有点难度的房子、书本、交通工具制作，做来做去熟悉了，因为带了几届学生，都做好多次了……如何重新燃起当初的热情是我在看过两本书后的主要思考，思来想去，孩子们感兴趣固然重要，但教师的热情也会直接影响活动的开展，要如何做才能让孩子和教师都乐在其中呢？答案是：着重点不同！孩子感兴趣的是某物某事，我感兴趣的是记录他们的点点滴滴。

　　记得我常常拿着本子记录小朋友生活中有趣的片段，收获很大，不但从细微处更了解孩子们了，更是尝试开展只有几个小朋友小范围的探究活动，同时几组孩子关注的内容都不同，有的探究怎么爬三脚架，有的探究石头怎么排队好看，有的探究怎么把地上的坑填满……我跟在小朋友身边，记录有价值的内容……这种简单的记录曾经是我了解孩子兴趣的手段，但在接下来的日子里，它将成为我生活中及教学中的探究方式。

　　探究渐渐融入了我们的日常生活，变成了我们的习惯！而我，喜欢这样的生活方式！

　　探究，是习惯，更是生活方式，在同一件事情上，找到不同的兴趣点，我们同样能为之付出热情，为之探究！

陈玉珍

2021年2月16日

"区"动童年，"域"见美好

清晨，孩子吃完早餐后，便拿起画笔在本子上记录，时而嘴角微笑、时而眉头一皱在思考、时而和小伙伴一起轻声讨论……他们在干什么呢？凑近一看会发现，孩子们正在做区域计划，把自己今天想进的区、玩的内容先画下来。都说"一日之计在于晨"，有效的区域计划为孩子们有活力的一天增加了不少元气。

区域活动是孩子们自主活动的主要形式之一，也是孩子们最喜欢的活动。孩子们在与同伴的互动中学习、成长。而我，作为孩子们区域活动的引导者和支持者，会投放丰富、适宜的材料满足孩子们活动和游戏的需要，感受他们区域活动时的同欢乐、共争吵，适时提供指导，与他们一起，在区域中遇见美好！

1. 在区域活动中，我"域"见了诗和远方

一天，在区域活动时，我听到博博和小伙伴茜茜的对话："妈妈没带我去过的地方，图书宝宝会带我去"，这时我走过去说："是的，宝贝，书中的奥秘千千万万，等着你们去发现哦！"这时我们不约而同地对视一笑！在设置"阅读区"时，我会注重培养幼儿阅读兴趣，形成健康的阅读习惯，提升幼儿动手能力、创造能力，促使幼儿园各活动领域相互渗透、融合，为幼儿个性成长夯实基础及积蓄能量。

2. 在区域活动中，我"域"见了因材施教、因物制宜

幼儿园区域活动具有特殊性质，具有区别于其他教育活动的功能与特色，是促进幼儿园教育事业长足发展的渠道，可促进幼儿德、智、体、美、劳综合发展。

幼儿园区域活动注重尊重幼儿身心发展特点，立足幼儿兴趣及特长，为其准备充分的资料与工具，引导幼儿在安全指数极高的环境下开动脑筋，从而促使幼儿全面成长。在幼儿园活动体系内，区域活动是重要手段，可促进幼儿自主参与学习活动，不断提高探究意识，最终个性成长。

现阶段，幼儿区域环境两极分化现象过于明显。在幼儿活动室内标出不同区角，表面上凸显各区域的差异，但在时间上、空间上却无法保障真正意义上的"区分"。在实际环境中，幼儿被动选择区域活动，无法按照个人主观意愿选择主题活动，不利于长时间保持幼儿兴趣。

在每一个活动区域内，"物料"是区域环境的重要组成内容，也是促使幼儿展开区域活动的物质基础。此外，在部分活动区域内，幼儿教师会布置家庭类用品、装饰类用品，但这些都不能供幼儿真正操作，失去应用的价值与功能。然而，在不同年龄段的游戏活动中，有些材料不尽相同，但却无法彰显材料层次性，很难在形式、色彩等方面体现新颖性特征。

一天小仙走到我的身边对我说："老师，小航在区角里把一块纸撕掉了。"我走过去说："没关系，我们一起做'小小达·芬奇'吧。"几名孩子把纸撕得零零碎碎的，在我的引导下他们通过撕、贴、画、捏、做的操作表现活动，使他们的奇思妙想完美呈现。

3. 在区域活动中，我"域"见了基于幼儿的创新教法

对于幼儿园区域活动而言，活动材料及活动工具是保障幼儿区域

活动顺利展开的关键条件。基于此，幼儿教师应灵活指导幼儿正确应用相关材料及工具。由于幼儿时期的孩子身心尚未成熟，注意力比较分散，往往天真、好动，认知能力相对差一些。所以，在指导幼儿应用材料时，幼儿教师要立足幼儿角度，从幼儿思维高度出发，坚持凸显幼儿中心作用、主体作用，在明确幼儿区域活动目标基础上，通过巧妙设置悬疑等提高幼儿求知欲与好奇心，以便能有效开发幼儿智力与潜能。同时，幼儿时期正是培养幼儿质疑精神、创新精神的萌芽阶段。每一名幼儿都是独立个体，我应客观关注幼儿身心发展状况，平等对待每一名幼儿，切记不要过分强调材料的应用方法及应用用途。这就意味着，在讲解材料和工具的内涵、性质后，要鼓励幼儿大胆展开想象，创新材料的应用途径。

在一次课外实践中，我发现孩子们对落叶颇感兴趣，于是我便将树叶带进区域活动中。用树叶制成有趣的区域角主体空间，引导班上孩子通过树叶摆出可爱的小兔子、金鱼造型等多种多样的图案。值得注意的一点，在指导幼儿材料之际，这次我注重强调安全措施，在保障幼儿安全的前提下，鼓励幼儿探索材料的价值与功能，灵活指示幼儿参与活动，确保幼儿区域活动时刻凸显计划性、目的性。另外，当幼儿选择了各种各样的材料后，我鼓励其针对材料进行创新，从而制作出更多新颖、有趣的道具，用来丰富区域活动，为区活动增添别具一格的魅力。

4. 在区域活动中，我"域"见了遵守规则，巧妙施教

幼儿生活经历尚为浅显，不具备严谨的规则意识。所以，我注重引导幼儿遵守区域活动纪律。在具体实践中，我以平等角度与幼儿进行对话，切记不要站在纵向指导地位对待幼儿。通过营造轻松、愉悦的氛围，创建明确的区域活动规则，指导幼儿在活动中发挥主人翁意识，从而能够实现轻拿轻放、安静活动以及物归原处的目标等。与此同时，我

在指导幼儿规则之际，不使用枯燥的语言、单调的语言，通过眼神及表情等加以暗示，委婉地指出幼儿的不足，并通过优秀小组示范、榜样力量等约束幼儿行为，促进幼儿正确应用材料。最后，幼儿教师在区域活动过程中一定要强调规则意识，这是促进幼儿自觉爱护材料、维护区域活动工具的前提。在参与游戏活动时，幼儿普遍玩性大发，难免会出现损害工具或者破坏工具存放秩序的现象，这就意味着教师要不断强调材料及活动秩序、规则，以此促进幼儿强化爱护材料的意识，帮助幼儿提高自由选择材料、应用材料的主观能动性，令其灵活处理材料，确保所有区域活动能顺利进行，并取得理想成效。需要注意的是，在指导区域活动规则时，我帮助幼儿合理划分小组，鼓励小组内的不同成员都要努力维护区域活动及区域活动涉及的道具，以便促使幼儿形成良好的责任意识，懂得与其他小朋友团结协作，共同打造和谐的区域活动氛围。

在幼儿区域进行游戏活动之际，幼儿教师应围绕幼儿身心发展状况、成长规律等，以提高幼儿综合素质为终极目标，注重培育幼儿技能、创造性能力等。以后我都会围绕不同的活动内容制定不同的指导策略，以便增加幼儿区域活动的指导性。幼儿具有超强的模仿能力，在探索区域活动、欣赏区域活动时，正确指导幼儿，通过恰到好处的示范鼓励幼儿灵活应用材料。与此同时，教师应指导幼儿在区域内自由活动，帮助幼儿搭建深厚的友谊平台，以此提高幼儿社会交往能力。在推进美工区域活动时，我举行"我心中的画"主题活动，鼓励幼儿通过不同材质的材料制成"我心中的画"。在这个过程中，有的幼儿选择水彩笔作画，有的幼儿选择黏土作画。总之，可供选择的材料多种多样，幼儿积极性得以提高。为此，教师要着重培养幼儿区域活动质疑精神、探究精神，坚持"因材施教"原则，全面诱发幼儿探究兴致，丰富幼儿知识储备，促进幼儿顺利落实活动目标。

　　总而言之，我在提升幼儿区域活动指导时效性时注重从活动材料、活动规则及活动过程入手。我时刻观察幼儿活动进度，对幼儿区域活动做出正确评价，促进幼儿树立良好的学习习惯，确保其在探究活动、游戏活动等日常活动内收获深厚友谊，形成良好习惯，从而提高幼儿生活能力，为其日后学习与发展累积丰富的经验。在区域创设中，我依据班级情况、孩子们喜好自主创设了茶艺区、花艺工作室、小吃店、农家小院、火锅店、开心农场……希望用智慧营造出孩子们喜爱的环境，让每一个孩子在愉悦的环境有所学、有所获、有所长，让幼儿园真正成为孩子们的乐园！

　　"区"动童年，"域"见美好。区域创设是一门艺术，也是一门科学，值得每一位教育工作者认真琢磨。尽管我在创设的路上有诸多不易，但有孩子天真烂漫的笑脸、全神贯注的思索、心无旁骛的操作就已

足够！区域创设过程让我不断感悟其中的真谛，在教育的道路上与孩子们共同成长！孩子在玩的过程中不仅获得了快乐，也从中学习到了很多的知识。区域活动虽小，它却给孩子们的童年带来了很多的乐趣，给教师们带来了许多反思、经验与成长！

黄 敏

2021年4月22日

第二篇

看见孩子

每当与身边的小精灵们相视，仿佛只需凝望他（她）们乌溜溜的眸子，便能够看见对一切未知的欣喜；便能够看见溢满心田的热爱；便能够看见浩渺深邃的无尽疑问……当我们不知所措时，看看孩子们就好，那里总有指引着我们的光。

跟着蜗牛去散步

这几天北师大霍力岩老师来给我们工作室的伙伴们进行培训，在培训过程中，霍老师一直强调：一个优秀的探究教师跟孩子的关系应该是"走在前边、躲在里边、陪在身边、跟在后边"。我懂了，但似乎又不知如何去"走"、如何去"躲"、如何去"陪"，如何去"跟"。

直到今天的探究活动体验，让我对于教师在探究活动中的定位更加清晰起来了！我有了瞬间醍醐灌顶的通透明了之感。仿佛觉得，哦，原来如此！

在体验活动中，参与培训的教师分成了几组，每组都只有一位教师，其余的教师则担当起了孩子的身份，亲身体验孩子的探究过程。

我们组的活动是"白蛇传"。

这个活动起源于大班的"人民币"活动，"孩子们"在观察1元人民币时看到了西湖，在交流讨论时，有"孩子"说起了白蛇传的故事。"孩子"对故事的了解只有一知半解，经过老师的解说，这个经久不衰的优美故事引发了"孩子们"的兴趣。于是，活动就华丽丽地转变了走向。

在经过一段时间的探究后，"孩子们"提出要表演这个故事。谁表演什么角色？每个角色需要些什么道具？道具从哪里来？如何制作道具？

我们这群"孩子"的探究活动就从这里开始。

　　我们先讨论决定表演的场景，为经典内容的三幕：幕一，白娘子和许仙的相遇、相恋；幕二，法海献计，白娘子喝下雄黄酒现形；幕三，法海与白娘子相斗，被镇压。关于角色的分配，我们就用自由认领的方式。白娘子、小青、许仙，都比较顺利地认领了；法海，这个大和尚，一开始一群女教师都不太想反串；还有，多了五个人要扮演什么角色呢？讨论了一番，最后由高个子的一位教师来扮演法海，并且增加了路人、书童和小和尚的角色，以及负责道具场景的两个专人。同时对原来的内容进行了细微的改编。

　　再就是道具了。我们根据角色和剧情的需要，分头到各班和幼儿园资料室、美术室等场地去收集材料。衣架加轻纱，摇身一变成了白娘子的长头纱；一个丸子头一扎，一条青色长纱一绑，活脱脱的小青就出现了；一张大布贴上两条金色即时贴，披上身就成了法海的袈裟，再加上一根添了装饰的长木棒做的法杖，黑色即时贴加粗的眉毛，法海来也……后面排练时的拿腔作态，表演的投入忘形，似乎都不甚清晰了，唯独给主角们上妆后的那一瞬，既惊艳又自得，神似之处又着实搞笑。还没登场，众人已经笑翻了。

　　这一刻，让我深切地体会到：原来探究的过程如此好玩！难怪孩子们总是沉浸其中、乐此不疲。

对于我而言，探究就如同阳光和孩子的笑容一样，熟悉而亲近。因为我所在的珠海市启雅幼儿园从2008年开始主题探究建构式园本课程的研究，这条征途我已经走了十几年的时间，探究的观念已深入我心。我原以为自己懂得了孩子、懂得了探究。但在今天，我发现，自己对探究的认识还只停留在理论和操作性的表层。

在探究活动里，教师的定位是什么？以幼儿为主，让幼儿领着走？还是完全放手给幼儿？如果说完全跟着幼儿走，这和家长在家带孩子玩有何不同？如何能体现教师的专业性？如果教师介入引导，那在以幼儿为主和引导幼儿之间，教师应该何时介入？如何介入？这些关于"教师在探究活动中的角色定位"的问题，我原来都没有深入地思考过。

经霍老师的总结和自己的亲身体验，我发现了，原来，作为探究活动的教师，不能只当接孩子球的人，不是只陪蜗牛去散步的人。老师应该像导演，让孩子成为课堂的明星，也要准备好球拍和球，要在孩子发不出第一个球时先发球给孩子。

作为探究活动的教师，要先走在前边，知道孩子兴趣的走向，并为孩子随时准备搭建支架，让孩子通过支架继续往上爬。例如，在讨论表演场景时，我们组的老师在发现"孩子们"争论不休、无从决定时就问："你印象最深刻的是故事里的什么内容？"这一支架就帮助孩子们回忆并统合出大家印象最深刻的三幕场景来。

作为探究活动的教师，要躲在里边、陪在身边。在活动的过程中，教师并不置身事外，是和孩子们一起参与、一起讨论，但更多的是让孩子们自由交流、自我制作、自主决定，当孩子们需要时，老师及时支持。例如，在用衣架和轻纱制作的头纱给白娘子卡在头上时，"孩子们"尝试了很多次都卡不紧，总是会掉下来；这时，老师就给出建议并协助"孩子们"一起固定住了。

　　作为探究活动的教师，还要跟在后边，引导孩子们及时进行活动的总结，整合、提升学习的经验。这一次我们做了什么活动？你和谁一起合作？在过程中遇到了什么问题？你们是如何解决的？其他人有没有遇到同样的问题？又是如何解决的？大家有什么新的发现和收获……教师的问题，是孩子回忆、总结的支架，只要问题一抛出，孩子们自然有无穷无尽的话语。

　　如果说，我是一个跟着蜗牛去散步的人，那么，在小蜗牛兴致勃勃地说"我要去散步"时，我便要提前设想他可能走的路径，在每一个转角处默默陪着他转弯，为他发现的每一只蝴蝶和每一朵小花而快乐，帮他一起想办法跨过小沟和挡路的树枝，在他到达目的地后和他细数路上的收获与坎坷、快乐与感动。他的成长伴着我的成长，他的收获也伴着我的收获。

　　正如德国哲学家雅斯·贝尔斯所说：教育的本质意味着，一棵树摇动另一棵树，一朵云推动另一朵云，一个灵魂唤醒另一个灵魂。我相信，我们成长路上的每一次感触和收获，最后也终会变成他人的触动与收获。

曹卡娜

2019年8月28日

探究之乐

新学期，新气象，新学期到来之前，我和广东省唐雪梅名教师工作室的成员们一起参加由北京师范大学霍力岩教授（以下简称霍教授）主讲的"探究再起航"探究研学活动，我再一次深刻地感受到探究之乐，并愿意深陷其中，与之共度每个陪伴幼儿成长的时刻。

在研学中，霍教授一直强调重视孩子的学习品质，珍视游戏和生活的独特价值，并当场开展体验活动"彩泥变变变"，让我们通过自主探究、合作及展示完成了面粉、油和色素的华丽变身，原本平平无奇的食材，通过孩子和教师的探究变成了彩泥，通过孩子和教师的合作制作出各具特色的造型，最后再由孩子和教师完成了展示并获得提升与肯定。

在体验探究活动后，我回想起了毕业至今，我所经历过的探究瞬间，这些美好的瞬间完成了我教育教学的经验积累及成长，让我从探究小白逐渐成为现在略有心得的"探究狂热症候群患者"，总是提问孩子"不自知"。

探究作为我们园的课程之一，探究活动开展主要以孩子切身实际的人、事、物为主，无固定模式、不禁锢孩子思维、鼓励及允许、介入与提升等组合成两个字：自主。作为教师，我不主导不告知，我观察提问，引导孩子从自身出发去探究每一个未知的瞬间。

在探究中观察有许多方式，有时我们会事先准备，有时我们会和孩子一起在"闲逛"中细细感受并观察身边的一切事物。

散步时，我们会到幼儿园各个地方，看看高高的大树、绿绿的小草、红红的花；餐后晒太阳时，我们闭上双眼聆听风吹树叶发出的"沙沙"声；玩沙子的时候，孩子把不同大小的沙子都摸了一遍，知道了沙子在手上的感觉是不一样的，大沙子粗粗的，小沙子细细的。

大自然本来就是最好、最容易接触的探究主题，每当我们走在户外沐浴着阳光，探究的环境就在身边了。

"玩乐"是人类最喜欢的活动之一，如果能在"玩乐"中有所收获，那更是意义非凡，一日生活皆教育，玩是生活，也是教育。

攻克攀爬架，爬不上的时候，孩子把裤子拉高、袜子脱掉、远远地助跑……通过各种尝试，终于爬上了架子的顶端；孩子在架子的顶端上呼喊"我成功了"，我看到了孩子展现的自信。

后草坪的老鼠洞怎么才能填满呢？孩子四处散开，或是拿来沙子，或是拿来石头，一次又一次地往洞洞里灌沙子与石头，最后洞洞被成功填上了，再也不怕有小朋友会把脚踩到洞里了，因为成功帮助到同伴，我看到孩子脸上扬起的嘴角，喜悦的笑脸是那么的美丽温暖。

石头好玩，孩子们把石头排成了长长的队伍，发现有的大有的小，几次调整位置后，从大到小排列整齐了，我们探索出了排队的方法及规则，也感知到了大小、越来越小和越来越大，我看到孩子像发现新大陆一般兴奋地跳起来，表情起来越自信。

每当这些时刻，我看到孩子眼里五彩斑斓的光，我的心便冒出一串串幸福的小泡泡。

看着孩子在玩乐中有所收获，我不禁想起了一句话：再认真的人都赢不过乐在其中的人。是的，乐在其中产生了心流，心流是一直认真参与活动的营养，只要尊重孩子的学习方式和特点，珍视游戏的独特价值，分分秒秒给予孩子成长的支持，让孩子乐在其中的认真便随手可得。

吃是人类的本能，但从小能准确说出自己喜欢吃什么，为什么？那可不是容易的事情。孩子喜欢吃各种好吃的食物，不同的食物有不同的味道，只有尝过了才知道。孩子们学会了新的观察手段——尝一尝：用舌头舔一下，能迅速尝到食物的味道，是甜是咸还是苦，即可知道；咬一咬：遇到有坚硬外壳不易尝到味道的食物，孩子通过观察同伴，学习到了用大牙用力一咬，食物的味道就可以通过舌头尝到了。

生活中还有很多这样有趣的体验，有一次班上有臭臭的味道，那是鼻子闻出来的，怎么闻呢？孩子拿起各种物品，单纯地放在鼻子前闻了又闻，闻多了，就发现了不同物品有不同味道。

玩过沙子的小手为什么要洗呢，每次都洗多麻烦，和孩子一起用放大镜一看，好多黑黑的细菌，擦不掉、搓不掉，但是，用洗手液洗完，小手就干净了，孩子瞬间便明白了原来黑黑的小手的，一定要用肥皂或洗手液仔细洗才能洗干净的。

敢于探究和尝试是需要循序渐进的，从自身力所能及开始一点一滴地尝试，慢慢养成习惯了，敢于探究就不在话下了。提问可不是孩子的专利，教师也可以提问：

你尝试到了什么味道呢？

你还想尝试其他味道吗？

你是怎么知道的？

你为什么这么想呢？

你想想，还有其他办法吗？

……

提问是引导孩子实现自主探究的重要手段，不论是孩子因未知而提问教师，还是教师因引导而使用提问回答孩子的提问，都是通过不断地探究才能有所收获。通过老师的提问，孩子一遍又一遍地思考，一次又一次地回答，终于，答案被孩子自己想到并且说出来了，这个过程被我们称为"架构"，直接回答孩子的问题不难，尤其是现在科技发达，教师不会的，直接上网搜查就可以找到，并不花费多少时间，但这样做，对教师及孩子真的好吗？答案显然不是。最好的是教师知而不言并思考怎么用提问"架构"孩子，孩子像攀藤一样，顺着问题一节一节地往上爬，最终到达顶端的答案。

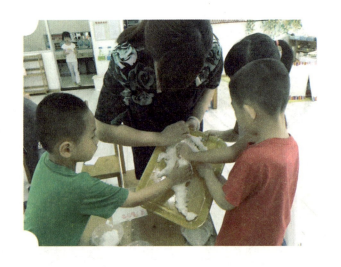

在《3-6岁儿童学习与发展指南》中提到过有关学习品质的内容，提出要重视幼儿的学习品质。"幼儿在活动过程中表现出的积极态度和良好行为倾向是终身学习与发展所必需的宝贵品质。要充分尊重和保护幼儿的好奇心和学习兴趣，帮助幼儿逐步养成积极主动、认真专注、不怕困难、敢于探究和尝试、乐于想象和创造等良好学习品质。忽略幼儿学习品质培养，单纯追求知识技能学习的做法是短视而有害的。"

探究是学习品质，作为教师，能够在孩子幼小的时候与之一起利用自己的感官，探索身边的事物，逐步养成良好的探究意愿，继而发展成必需的学习品质，最终让探究成为生活的方式，这将是教育最美好的花之路。

陈玉珍

2019年8月29日

小区域　大生活

　　现在关于幼儿园教育听到最多的就是区域活动，区域游戏是幼儿最喜爱的游戏形式，在区域里幼儿可以根据自己的喜好选择游戏内容和好朋友一起玩。为了满足幼儿的游戏需求，专家、园长和教师们都在努力研究如何在区域游戏中让孩子们玩好，这个"玩好"包含着玩得开心、玩得有内涵、玩得有深度、玩得有层次。

　　2019年11月21日，我们随着省名园长、名教师工作室的成员们来到了广州第七届全国幼儿园园长高峰论坛"不忘初心，聚焦儿童"大会的会场，聆听了各位省名园长、名教师的精彩分享，对幼儿园区域游戏活动各园都开展了不同程度的研究，有"幼儿园区域活动的问题与改善"分享，有"区域环境创设"报告，有在班级开展"区域互访与环境创设"研究，有进行"舌尖上的香山——烹饪区的环境创设与组织探讨"，还有"户外体育区域活动的断想"等专题论坛。专家们一篇篇精彩的分享，不禁让我陷入了对自己园区域游戏活动开展的思考。

正如大会的主题"不忘初心，聚焦儿童"，我们组织幼儿开展区域游戏的初心是满足幼儿在游戏中学习的需求，聚焦幼儿是要我们关注幼儿的需求，在游戏中幼儿想要玩什么、怎么玩，和谁一起玩，需要哪些游戏材料，这些都可以让游戏的主人来决定，而教师所要做的是聆听幼儿的需要，并为之提供足够的支持。

在教研中，教师们讨论了小班幼儿户外活动中的一个案例《玩水》，案例中教师记录了户外活动中孩子自发的游戏过程与教师给予的支持，清晰地诠释了儿童是游戏的主人的教育理念。

户外活动场地是中一班后面的一小片玩具区，因为场地小，孩子们在教师的指导下学会了商量着轮流玩，上周孩子们一直玩得很投入，昨天中一班的外阳台多了一个空的塑料水池，孩子们看见了好奇地围观，聊了起来：

颉问："这是什么？"

璟："这是游泳的吧！"

颉："没有水怎么游？"

璟："那就不游呗！下次放水了再游。"

围着塑料水池站了一会儿，孩子们纷纷跑开玩大型玩具去了。孩子们发现了新事物，并开始结合原有生活经验讨论这个物品的用途，内心对新奇的事物充满了渴望。

今天我们又在同一时间来到这里，有3个中班小朋友正在用手里的工具将一个水盆里的水注入这个大大的塑料水池，他们正在兴奋地运水，嘻嘻哈哈的笑闹声把男孩子全都吸引了过来，没有一个孩子说话，所有的孩子都目不转睛地看着运水的小哥哥们，目光随着他们来回走动的身影而转动，眼里充满了羡慕、期待。

水池里的水渐渐多了起来，小哥哥们感受到被关注，动作更加卖力，围观的孩子们开始讨论水被注入池子中的现象：

宝："像洒水车。"

丞："像下雨。"

健："像瀑布。"

水花溅到孩子们的脸上，孩子们一阵欢笑。

从孩子们的行为可以看出小哥哥们的行为非常吸引他们，他们有参与的愿望，由于没有经验，他们在观察，留意着小哥哥们的动作，这是在为他们的戏水游戏做准备，教师们将此景看在眼里，直到中班小哥哥们将大盆里的水全部运到水池里，然后在教师的指挥下收拾好工具，回教室了。小一班的宝贝们仍然站在水池边，看向自己的老师。

师："你们想玩吗？"

幼："想玩。"

师："可是，这不是我们的，怎么办？"

幼："我们玩完了就收拾好。"

师："嗯。"（老师点点头）

幼："回班去玩。"

师："我们班没有水池哦。"

幼："那就在这里玩。"

师："可这个水池是中一班的。"（孩子们相互看了看）

师："你们敢不敢去问问中一班的老师，可以借我们玩一会儿吗？"

听到这个回答，孩子们马上走到中一班的罗老师面前，问："老师，我们可以在这里玩一下吗？""可以呀。"罗老师爽快的回答引得孩子们一阵欢呼。

在教师的提示下，孩子们学会向别人清晰地表达想玩游戏的意愿，较之前不问自取和胆怯不前的行为有了很大的突破。

获得了同意的孩子们再次回到塑料水池边，立刻拿起水池边上的工具。

师："现在天气还有点凉，要是弄湿了衣服可怎么办？"（这是孩子们在洗手的时候常出现的状况。）

幼："我们就换衣服呗。"

师："有什么办法能不把衣服打湿？"

幼："小心一点。"

幼："轻点倒（水）。"

师："看看周围工具的家，用完了……"

老师还没有说完，孩子们就接着说："把它们送回家。"呵呵，多可爱的孩子。

那就请吧！

孩子们得到了老师的允许，迅速地拿起了旁边的各种网兜，开始在水里捞，小宝边捞边说："我捞了一条小鱼。"仔细看，网兜里有一些小小的浮尘。

孩子的游戏并不总是需要很精美的游戏材料，一池子水就可以让孩子投入地开始游戏。

游戏吸引了越来越多的小朋友纷纷加入，网兜显然不够了，个别孩子开始出现争抢网兜的现象，小宝发现掉在一旁大网兜里的海洋球，便一个一个地往水池里扔，边扔边说："下冰雹了！"扔进水池里的海洋球成了其他小朋友的捕捞对象，孩子们从一次只能捞一个海洋球到一次捞多个海洋球，不断地在尝试，他们发现大的网兜、深的网兜，可以装更多的海洋球。小俐则不断地用洒水壶装满水倒回到水池中，她一直在关注水壶前端"冲凉"一样的水流。在游戏过程中，他们还不忘相互提醒，诚："小俐低一点，不要把水溅到别人身上了！"

孩子们在这个小水池边乐此不疲，直到游戏时间结束。

每次收拾整理游戏材料的过程都比较缓慢，今天收拾整理的过程出奇地快，孩子们用自己的网兜将海洋球一个个地网起来送到挂兜里，然后将网兜挂在原来的位置上，不用老师催促提醒，很快就整理好了。

这次的游戏充分表现出幼儿游戏的特点，爱玩水是孩子的天性，这个游戏是出于他们自己的兴趣与愿望，自发、自愿、主动进行的活动。没有外在的任务和目标，也没有严格的程序和方式。幼儿的游戏行为是由内部直接动机的驱动而产生的，玩什么、怎么玩均由幼儿自己决定，他们在没有外在压力的情况下，轻松愉快地做自己喜欢的事情，与周围环境发生积极作用。这个游戏是愉快的活动，体验生活的活动，幼儿在游戏中身心放松、积极活动、充分表现自我，通过操作材料、物品，体会到自己的力量和自信，从成功和创造中获得愉快的体验。在这个游戏中，孩子充满的幻想和想象，是虚构与现实的统一。他们把水中的浮尘想象成小鱼，把海洋球想象成冰雹，反映其知识经验，同时具有虚拟、"假装"的成分，通过想象对真实生活赋予自己的理解，进行象征性的自我表现。在任何游戏中，幼儿都会发挥他的创造力把游戏的方式加以变化，使之多姿多彩，更有趣味性。

在游戏中，教师对孩子的支持，激励幼儿不断尝试，想办法解决问题，为了目标而努力，让幼儿在游戏中能获得新的知识和经验，获得游戏的吸引与成功的快感，这才是真正的游戏。

付爱华

2019年11月24日

民间游戏伴我成长

老狼老狼几点了？3点钟。老狼老狼几点了？12点钟……哇！捉人啦！伴随朗朗上口的儿歌，一个个耳熟能详的经典传统游戏在我脑海赫然再现。每当回忆我的童年，印象最深刻的就是和小伙伴在空气清新、阳光明媚的空地上玩过家家、玩跳皮筋、跳房子，虽然有时候弄得身上脏兮兮的可能会挨打，可我的心情是愉快的，我很享受和同伴一起玩的快乐。这些游戏勾起了我满满的童年记忆，这正是我想要传递给孩子们的快乐。

伴随学前教育不断改革，人们对幼儿教育工作越来越重视。在幼儿园中引进民间传统游戏，具有一定优势与意义。民间传统游戏是民间传统文化的重要组成内容，将民间传统游戏与幼儿园日常教育相结合，可充分提高幼儿对民间传统文化的理解，丰富幼儿生活经验，提供幼儿综合学习能力。

1. 民间体育游戏对幼儿发展的作用

民间体育游戏可提高幼儿运动技能，综观幼儿园民间体育游戏内容，便可发现其中最常见的体育游戏有夹粽子、跳皮筋、跳绳等，这些民间游戏，既能促进幼儿各身体部位的发育，又能进一步锻炼幼儿运动技巧，促进幼儿运动能力不断提升。通过跳绳游戏，便能进一步锻炼幼儿单脚跳、双脚跳、蹲跳能力，使幼儿身体各部位都能得到锻炼。通过

跳皮筋游戏，可以确保幼儿实现小跳、大跳、翻花跳，从而提高幼儿跳、跑、钻的运动能力。

　　这些游戏，自带丰富的内涵。通过巧妙的设计，在幼儿面前呈现了充足的想象空间，令幼儿在与材料互动时自由想象，从而不断提高创造力。

2. 民间语言游戏可提高幼儿语言能力

　　民间语言游戏以儿歌、民谣为主，这些语言游戏朗朗上口，既能帮助幼儿掌握丰富的词汇，又能促进幼儿提高语言表达能力。每个幼儿都表示出非常浓厚的兴趣，看到幼儿喜欢，我们的积极性更高，时隔不多久就教一个新游戏，我们的幼儿也很聪明，一学就会。经过三个月的时间，我觉得这些游戏他们虽然还是很喜欢，但可以再丰富一些，炒豆豆、木头人、金锁银锁等等，我们的幼儿每次在玩的时候都异常兴奋，看见他们高兴的样子，我也很开心，我和他们一起玩，就好像回到了自己的童年一样。如今，我们只要有空余的时间就会玩不同的游戏，我认

为很多孩子都是在游戏中学习，在学习中成长，我们的游戏越丰富，孩子的个性也会越得到发展，很多以前比较内向的孩子，如今都会很愉快地融入我们的游戏中，因此我要给孩子们更多游戏的机会，使每个孩子得到更好的发展。

3. 民间音乐游戏可培养幼儿合作意识

民间音乐游戏大多都是群体性游戏，吸收了众多独特的民间音乐，可以有效吸引幼儿注意，在潜移默化中渗透规则意识、合作意识。每次做"老鹰捉小鸡"游戏时，我和小朋友一起合作！每个人脸上都洋溢着开心快乐！在"丢手绢""网小鱼"等集体游戏中，在我和配班同事的指导下，幼儿一边听音乐一边按我们指令完成动作操作。在"老鹰捉小鸡"游戏中，根据游戏性质及音乐性质，幼儿可分别体验小鸡、老鹰、鸡妈妈等不同角色，从而不断变化情绪，全面调动幼儿社交能力。

将民间游戏融入幼儿课程，在幼儿园一日活动内，不同活动具有不同内容及不同的时间限制。但不可否认，传统民间游戏可以在任何时间段下进行。将民间游戏引进幼儿园，并经过各班实践验证，不仅能完善游戏内容及游戏玩法，还能及时发现游戏过程中出现的各种问题，决定哪些游戏可在幼儿园中长久推广。

一天在晨间区角活动，传统游戏"吹青蛙"，小班宝贝们趴在草坪上吹着教师制作的折纸青蛙，看着青蛙一蹦一跳，孩子们乐坏了！我围绕本班幼儿实际状况，有计划地选择幼儿活动材料，以期组织特色十足的幼儿游戏活动，从而凸显民间游戏的教育本质。在班上展开民间游戏活动，既是一种新尝试，也是一种新体验。我在游戏教学中，既要发现游戏教学的优越性，又要巧妙结合民间游戏，以此弥补现代游戏存在的不足，为幼儿开辟一条重获快乐与自信的途径，促使其深刻理解民族文化，在有趣的民间游戏中快乐成长。

将民间游戏融入幼儿教学，在民间传统游戏作用下，可促进幼儿园

各领域教学内容相互融合。在健康活动中，我引入"木头人"等体育游戏，在语言活动中便可以加入老鼠嫁女等民间故事内容，而在数学活动中，就可通过七巧板这些相关数形内容，全面提高幼儿想象力。

将民间游戏融入区域活动，通过互联网、民间走访等收集各种各样的民间传统游戏，并将这些游戏投放到幼儿园各个领域内，确保幼儿时刻感受民间传统游戏的魅力。将民间游戏融入日常活动，民间传统游戏不受时间与空间制约，随时随地都可以展开游戏活动。在幼儿早晨接待、饭后睡前等每一个活动环节内，都可以选择用民间游戏进行过渡。我充分应用碎片化时间与场地，及时组织民间传统游戏内容。值得注意的是，所选择的游戏内容一定要符合现实状况。在结束户外活动时，幼儿情绪普遍高涨，教师就可以选择"我们都是木头人"等游戏，通过这种安静类的民间传统游戏，帮助幼儿们平复情绪，以便能迅速进入后续的学习活动状态。

　　民间传统游戏种类多，将民间游戏融入集体活动，对幼儿的全面发展有着重要作用。在预设逐日计划之际，幼儿教师就可按照目标恰当选择符合幼儿年龄特征、班级实际状况的民间传统游戏，将其融入幼儿教育的各领域，与幼儿学习活动巧妙结合。在日常教学中，为了能有效培养大班幼儿闪、跑、躲能力，我通过捕鱼、牵羊买羊等活动予以落实。通过巧妙设计游戏，既可以有效实现教育目标，又能为幼儿带来良好的学习体验，在玩耍之中完成学习任务。当幼儿升入大班后，会适当地接触到一些数学内容。由于数学知识略抽象，不符合幼儿认知特点，传统的数学教学又很难达到预设的教学目标。这时，如果能将抽象、单调的数字通过趣味生动的游戏方式得以呈现，便能确保孩子们在游戏内迅速掌握数学概念，从而丰富其学习体验。在玩"丢手绢"游戏的时候，我们就可以鼓励幼儿在游戏过程中数一数一共有多少名小朋友，以及自己原有位置与捡到手绢的小朋友之间隔了几名小朋友等等。这样一来，在游戏的过程中，既可强化孩子们的游戏体验，又能有效展现民间传统游戏对学生教育的价值，最终改善幼儿教育效果。

　　总而言之，民间传统游戏不仅丰富了幼儿的游戏生活，更重要的是幼儿在这些自由、轻松的玩耍过程中，促进了能力和个性的发展。民间传统游戏在幼儿成长过程中发挥着至关重要的作用。我选择适合幼儿身心发展特点的民间游戏活动内容，创设适合幼儿参与民间游戏的条件与环境。传统民间游戏作为我国优秀民间文化的一个组成部分，充分挖掘了身边的教育资源，以追求最大的教育利益。它的材料是死板的，但教育方式是灵活的；材料是粗糙的，教育是细致的；材料是廉价的，教育价值是高的。吸引广大幼儿积极参与民间传统游戏活动，提高幼儿对民间传统文化的认知，令其在愉快玩耍中"学有所成"。

民间传统游戏伴随着我们一代又一代成长，也传递一代又一代的快乐，我们教育工作者应不断用心钻研，充分挖掘民间游戏的教育价值，并信心百倍地用爱去探索，给每个孩子的童年增添光彩，让每个孩子享受幸福、快乐。

黄　敏

2020年3月13日

探索，童年那些微不足道的事

我常常回忆我的童年时光，那种回味的感觉不间断地萦绕于脑海，或许是这样的心境，让我很自然地当起了幼儿园教师，让自己美好的童年生活中再现……

是的，童年有些微不足道、不值一提的经历虽然没有什么闪光点，不管是与同伴发生矛盾，还是愉快地共进美味大餐，又或是一起合作完成有意思的探索，它们的积累却是每个孩子成长过程中心智逐渐成熟的基础。

探索是藏在心里的原动力。我们一出生就在不停歇地探索，探索周边、探索自然、探索人与人的关系、探索让自己成长的路径……在幼儿园实践了十余年的探究课程，亲眼看见孩子们的成长，他们不再被动、被安排、被引导，他们一直寻觅自己认为值得的、想知道的，哪怕是那些微不足道的小事。

探索真的这么有意思吗？是的，探索是我们成长的基石。幼儿园的探索活动平凡细微，却能让每个孩子眼中有光、心有所属，乐此不疲。与其说"探究再启航"，倒不如说"探究，从未停止"来得更贴切。瑞吉欧、高瞻、方案、PBL、STEAM等课程体系的探索，都需要孩子们亲身参与，不断体验，可是做着的却都是童年那些微不足道又意义非凡的主题。

在唐雪梅名师工作室学习两年多以来，和小伙伴们一起研讨、分享着关于探究的那些事。从如何发现孩子们的兴趣，如何从引导者、支持

者逐渐华丽变身，似乎很简单，但是对于有着十几二十年教育经验的我们来说是一种挑战，更多的是一种走出传统教育、重新让自己成为"新教师"的勇气！

虽说持续做探究将近13年了，我常在想：当初发明探究的人，一定是一位乐观外向、不拘小节的天才，只有那样的人才会突破教育网格的局限，把一个又一个大胆的想法和勇气推向外面，推向山和海，推向半空晚霞和一夜星斗。由此，一个个有意思的想法，一次次挫败中重新站起的小身影，便从以前"传统世界"中破茧而出，像一个个做好准备的小战士，撼人的节奏摇动我的心潮。书要教得好，作为教师便应当全力以赴，不能随便，那就跟孩子们一起来通向无垠又无形的探索之道吧！

"老师，太阳的光怎样才能抓住？""小蝌蚪会不会长10条腿？""孙悟空飞得快还是飞机飞得快？"……面对孩子们一个个有意思的问题，我就想，一个人的生命，就是专门用来旅行的。没有人不喜欢到处看看，认识世界的同时亦可认识自己。在探究的世界里，有的人背负行囊，翻山越岭；有的人骑自行车环游天下；还有的人安然阅读，

在书海里探知世界……不管是动的，还是静的，一切都起源于人对这个世界的好奇，这样的旅行，只怕徐霞客也要艳羡吧。

有时不懂比懂得多好。与孩子们一起探索世界的日子里，有时觉得自己是老师，更多时候孩子们却更像是我的老师，从他们身上看到了幼年时期的我与现在的孩童追寻、学习的状态不同。他们渴望探索、敢于实践，把一次次的失败当作家常便饭，跌倒了再次爬起。看着孩子们这种状态，这不就是我们现代人正好缺的吗？探究什么，虽然微不足道，却能让孩子们充满学习力量。在有趣的探究活动中，你来我往，此呼彼应，犹如滚雪球一样，把一个有趣的话题越滚越大。有时候，某个孩子只管发球，不管你接不接得住，他会引来更多球友，这时作为老师的我瞬间找到了存在感，从他们渴望的眼神中让自己备受重视。有时候，他们发出的问题也让你无地自容，恨自己当年为什么没好好读书，这样就可以当孩子们的百科全书了呀！反思自己，为什么世界上任何话题都要接得下去呢？有的人独缺常识，有的人独缺学问，现在我们缺的正是具有探索精神的人。事实上，在探究里，没有谁是主讲，也没有谁能唱独角戏。教师只需给孩子们在安全、探究的线索和途径上稍稍点拨一下，随着他们对探索方式日渐熟悉和扩充，我们就是藏在孩子们身后的人。管住嘴，管住手，做个有洞察力的"甩手掌柜"，起码我们正在努力地培养具备以上特质的孩童，任重而道远啊！

"脚手架"需要适时出现。支架式教学就是在幼儿试图解决超出当前知识水平的问题时给予支持和指导，帮助其顺利通过最近发展区，使之最终能够独立完成任务。需要注意的是，作为教师的我们提供的支持和帮助要合适。

还记得在探究"我从哪里来"时，由于话题的探索越来越宽，如果完全放手让孩子们漫无目的地探寻，反而会减退他们的兴趣，茫然又无趣。因此，在他们自然分成三个探究小组时，我们一起讨论尝试"混

组分享"，通过其他小组成员的提问和想法，为现有组员提供一些新的"刺激"，我就根据大家的建议，给各组引出一条新路子。比如，骨骼研究小组想知道人体骨骼里面到底是怎样的，我们就通过请当医生的家长朋友找来人体各部位的X光片给孩子们观察，并通过同伴互相触摸骨架，与X光片对比。在大家互相触摸的过程中，大部分孩子觉得有种挠痒痒的感觉，个个都被"摸"得咯咯大笑，最后他们由此引发了新的内容，为什么人会怕挠痒痒？看着这种融洽自然的探索氛围，顿时觉得我在其中既幸福又有趣。

有时，"支架"并不是越多越好。支架原本指建筑行业中使用的脚手架，在探究学习里用来形象地描述一种教学方式：即儿童被看作一座建筑，他们的"学"是在不断地、积极地建构着自身的过程；而教师的"教"则是一个必要的"脚手架"，支持儿童不断地建构自己，不断建造新的能力。

在开始探究课题实践之前，我对"脚手架"的理解并不具象，自认为这只是一种观念，却没有意识地去研究到底怎样做才是对孩子有用的"支架"。后来懂得了这种关系后，我就参与到他们的探索中，让自己亲身经历对"支架"的需求。只有这样，才能真切地知道孩子们什么时候需要你，什么时候你该藏在后面，有的放矢，不能滥用"支架"，帮助孩子们从搭"脚手架"到进入情境，进行独立探索再过渡到协作学习，最终完成对所学知识的意义建构。

兴趣是学习的动力，而探究是完成兴趣实践有效的必经之道。我没有培养科学家、艺术家的宏大理想和能力，只愿在这些一个个充满乐趣又微不足道的探究小故事里与孩子们一起成长，因为他们都是小小探索家。

梁凯雯

2020年3月21日

我与《指南》一起的那些时间

2007年毕业那年，我持证上岗，开始了幼儿教师的工作。我喜欢孩子，乐意与孩子一起玩耍，与孩子在一起的日子是快乐且幸福的。我凭借着在学校学习的知识和老教师的经验分享，摸索着完成一天又一天、一周又一周的教学任务及观察思考。

刚开始的几年里，我并不认为这样的模式有任何问题，甚至一度以为：嗯，老教师们的经验真有用。工作中没有做到位的、需要改进的，统统回去翻书本找老教师，一切问题都不是问题……

2012年9月，教育部颁布《3-6岁儿童学习与发展指南》（以下简称《指南》），薄薄的一本书54页，从五大领域方方面面给幼教人的工作提供了目标及教学建议。

记得第一次拿到的《指南》是复印版，细细阅读后并不能一一记住，总是在需要的时候，一页一页地翻来翻去，其中的教学建议或是对号入座似的引用，或是思考后的参考使用，慢慢地复印版被我翻烂了，取而代之的是珠海市教育局翻印版。

寒来暑往，我在幼儿园工作的时间越来越长，每天除了完成本职工作，我坚持看书，不断革新自己的教育观念，改善教育手段，虽然看的书多了，书本的更换频率高了，但《指南》一直是我工作不变的陪伴，总是一看再看。

　　每个儿童都是独立的个体，有差异也有相同，《指南》里的目标及教育建议是我对班级孩子学期计划及实施的"准则"，以孩子的整体发展为基准，尊重孩子的独特学习方式及个体差异，注重培养孩子的学习品质等，不做急功近利的事情，不做拔苗助长的教师。

　　在开展探究式主题活动中，我观察发现孩子的兴趣，从孩子的生活出发，开展以体验、实践和游戏等形式的探究活动。使用提问和小结，协助孩子在活动中明确自己的需求，帮助孩子解决问题。如庆祝港珠澳大桥落成期间，我设计了"沉管隧道通车"的探究活动，孩子使用自己带来的易拉罐、纸皮、胶布和小汽车模型等材料，在沙池里，一遍又一遍地打造属于孩子的人工岛，一次又一次地模拟沉管隧道通车。孩子就是这样通过对不同材料的探索和运用，一次比一次更了解沉管隧道。在《指南》中提到"应当要充分尊重和保护幼儿的好奇心和学习兴趣，帮助幼儿逐步养成积极主动、认真专注、不怕困难、敢于探究和尝试、乐于想象和创造等良好

学习品质。忽视幼儿学习品质培养，单纯追求知识技能学习的做法是短视而有害的"，这与本园探究式园本课程的理念不谋而合。在活动中，我始终以合作者的身份鼓励孩子与同伴合作，坚持与孩子一起发现问题、解决问题、用自己的方式表达，逐渐养成良好的学习品质。

在《指南》中提到"理解孩子的学习方式和特点……要珍视游戏和生活的独特价值"，所以在日常教学活动中，我巧妙地通过游戏使孩子建构自己的知识经验。如"有趣的超市"系列探究活动中，我设计了角色扮演游戏"超市开张了"，孩子们在活动中分工合作，共同布置商场、制作宣传单和设计超市开业活动，模拟成人工作与交流。孩子在游戏中得到了语言的锻炼，社会经验的提升，同时学习了进入超市等公共场所的文明礼仪。又比如活动《跳动的色彩》，孩子通过玩颜料混合色彩和涂鸦，明白了混合颜色可以变出新的颜色；清洗绘画工具，学会清洁技能。我还通过创编传统游戏，让孩子在游戏中获得经验与快乐。比如创意改编"木头人"，改变传统的"不许说话不许动"的玩法，而是变成了模仿各种动物或人物造型的游戏，并增加了小朋友自行发号施令的环节，既自主又符合孩子的心理年龄特点。

维果斯基认为：发展是儿童与其所在环境中的个体之间的相互交流。人和环境影响着儿童，而儿童也反过来影响着人和环境。

我深知环境对孩子的重要影响和作用，我也深信，共同创设活动室是孩子最喜爱的事情。每次区域的变换，我和孩子一起思考讨论，把区域设置的主导权交给孩子，尊重孩子对区域的需求。在区域和墙面设置上，我坚持创设属于班级探究活动的记录展示墙，使孩子通过视觉，直观回忆自己活动经过及成果。在美工区的墙面，更是隆重地布置了一块作品墙，鼓励孩子把完成的作品展示给大家观看。其次，我还会选取适量符合标准的内容粘贴在柜子和墙上，引导孩子在技能或操作上获得正确知识。

除了区域和墙面等物理环境，我同样重视自身行为对孩子的影响，始终严格要求自己，与孩子交谈轻声细语，与孩子相处举止得当，坚持使用正面的语句鼓励引导孩子，通过握手、拥抱等适当的肢体接触表达对孩子的认可及安慰，并从中观察孩子的反应，找出我们都能接受的相处方式，为孩子的亲社会行为提供榜样。

我在不断地探索和尝试中，一步步向《指南》中提到的"创设丰富的教学环境，合理安排一日生活，最大限度地支持和满足幼儿通过直接感知、实际操作和亲身体验获取经验的需要"靠拢。

每一次活动我都坚持引导孩子按照自身的速度和方式从原有水平向更高水平发展。为了照顾到每一个孩子的个体差异，我在区域活动中提供不同层级的操作玩具及材料，如益智区的串珠游戏，我通过分析区域观察记录，将材料按范例卡的难度分成三份：①能独立完成的初级挑战。②"踮踮脚尖"完成的中级挑战。③"跳起来"完成的高级挑战，供孩子选择适合自己程度的串珠游戏，实现孩子与材料互动中获得经验提升的目的。又如美工区材料投放，我能根据孩子的年龄特点与操作水平，注重高、低结构材料的投入，尊重孩子选择材料的权利。我希望孩

子们因为被理解、被尊重、而变得更自信、更能干。

在户外活动中，我注重组织形式多样的体育游戏，如"大球滚滚滚""小猎人"等，在游戏中，部分孩子出现畏难情绪，部分孩子乐此不疲……这些我都记在心中，记录在案反复思考。我经常分析这些观察数据，准确评估孩子发展需要，为其提供合适的指导及帮助。重视孩子发展水平，使孩子能在适合自身发展水平的活动中得到身体和智力的双重锻炼，促进孩子身心体质的均衡发展。

至2020年，我已经从教13年，在教育教学方面积累了一些经验，再学《指南》，对于《指南》里的目标及教育建议有了更深刻的理解，逐步形成了一些自己的看法，不再简单地按章办事，更多的是灵活应用，即便如此，但我依然常常翻阅《指南》，尤其每学期开学与学期结束时，或是提醒自己，或是对照小结一学期的工作。只为了让孩子有更好的发展，因为学前教育是我的事业，但并不单纯是一份工作，我愿意为之付出，并一直热爱着。

陈玉珍

2020年11月7日

孩子们心中的世界

今天参加了在珠海市第八中学举行的"思想库 探未知"探究学习联盟成立大会，费教授等进行了精彩的讲座，聆听后真是获益良多，不但令我开阔了视野，拓展了教学的新思路，更对我的幼教之路起了领航的作用。

《3-6岁儿童学习与发展指南》指出，"最大限度地支持和满足幼儿通过直接感知、实际操作和亲身体验获取经验的需要"。要求幼儿"亲近自然，喜欢探究""具有初步的探究能力""在探究中认识周围事物和现象"等，教师是幼儿游戏活动中的支持者、引导者、合作者，如何让孩子在探究中学习，教师应该怎么做？这是我们要学习的。

费教授为我们讲述了安吉游戏，这是早期儿童学习的"革命"，介绍了安吉游戏由无游戏到假游戏再到真游戏的发展历程，让我感叹教育的变革，思想的浪潮落地后，孩子幸福感的提升与各方面能力的增强，是我们教育工作者在日常工作中可以于润物细无声中做到的，采用什么样的教育方式与教育理念去培养下一代，他们就将会发展成为什么样的人，这让我感受到了自己责任的重大。

在游戏中要有投入、反思、冒险、喜悦、爱。是的，爱是一切关系的基础。只有在真正支持自由和自我表达的环境中，幼儿才能放心地在身体、情感、智力上冒险，保持好奇，不断发现、提出问题。

在教育中，我们要心中有孩子、看见孩子、发现孩子，教育才会有意义。

这让我想起了9月的开学季。新开学，我带着孩子们餐后散步，经过一楼小班的走廊，教室里有小班孩子的哭声："我要回家，我要妈妈！"……

我们班的小朋友开始讨论：

"小班弟弟妹妹们想妈妈了。"

"不用想妈妈的，妈妈上班了，我们在幼儿园学习做游戏。"

"我们要听话，在幼儿园好好学本领。"

琪琪皱着眉头："我们帮帮弟弟妹妹们吧，让他们不要再哭了！"

"对，让他们开心地上幼儿园。"

"好！"

孩子们你一句我一句，我牵着他们的手并没有去打断他们。我想：孩子们长大了，愿意主动去帮助他人，富有同情心，我应该如何去让他们去体验帮助他人带来的幸福感呢？

散步回到本班教室，孩子们还在讨论，我就提问了一句："那你们想怎样帮助小班的弟弟妹妹呢？"

"我在小班的时候特想有人抱抱我，拉着我的手去找妈妈，我可以给弟弟妹妹一个大大的抱抱，拉着他的手带着他玩。"霖霖说。

"我喜欢唱歌、跳舞，我可以给弟弟妹妹们唱歌、跳舞。"琪琪说。

"那我给弟弟妹妹讲故事。"芝芝说。

"我带弟弟妹妹去滑滑梯。"锦锦说。

"我带弟弟妹妹去美术室玩陶泥，可好玩啦！"泓泓说。

孩子们争先恐后地发言，都想带弟弟妹妹去玩。

我很开心孩子们对弟弟妹妹们充满着爱，都希望通过自己的行动去帮助弟弟妹妹们。我肯定地表扬了孩子们："宝贝们，你们都是好样的，真是一个好哥哥、好姐姐。那明天我带你们去小一班，你们去跟小班的弟弟妹妹们玩，好吗？""好！"孩子们高兴得跳了起来。

我向小一班的老师表达了我们班小朋友的意愿后，小一班的老师很是欢迎。第二天上午，我带着我们班的小朋友走进了小一班的教室，看到有的孩子哭得一把鼻涕一把泪的，还有的想爬窗户"出逃"……老师在哄着哭成小泪人的小朋友。

小一班的老师看到我们来了，很是高兴，对小一班的孩子们说："宝贝们，大一班的哥哥姐姐们来跟你们一起玩，好吗？"小一班的孩子看着我们露出了开心的笑脸。我对小一班的孩子们说："小一班的宝贝们，哥哥姐姐们想与你一起唱歌、跳舞、讲故事，带你们去滑滑梯、拍球，好吗？"小一班的孩子们"萌萌哒"地稚气回答："好！"开心地拍起小手，有的已经去牵哥哥姐姐们的手，说："哥哥，我想去拍球。""姐姐，我想你教我画画。"看到别的小朋友都已经牵着哥哥姐姐的手去玩他们喜欢做的事情，刚才在爬窗的小男孩连忙跑过来说："哥哥，你带我去滑滑梯好吗？"小眼睛在不停地扑闪着。于是，有的小朋友跑到操场玩，有的小朋友在教室里玩他们喜欢的游戏。

在教室的某个角落里，有个小女孩脸上还挂着两行泪花，但已经停止了哭声，我刚想走近小女孩，琪琪已经向着小女孩走了过去，抚摸着小女孩的头，拉着她的小手："小妹妹，姐姐唱歌给你听好吗？"小女孩点了点头，琪琪开心地唱了起来："爸爸妈妈去上班，我去幼儿园，也不哭，也不闹，叫声'老师早'！"一边唱一边跳起舞来。小女孩拍起手来："小姐姐，你唱得真好听，我也想学。"琪琪可高兴啦，在一旁用心地教起了小妹妹，还有几个小女孩也跟着一起学。多有爱的画面呀！

活动结束后，孩子们跟着我回到了大一班，我们进行了分享谈话："小朋友们，你们今天很有爱哦，弟弟妹妹们都很开心呢！现在，我们一起分享今天都带弟弟妹妹们去做些什么事情了，玩得如何，还有是否有遇到什么困难。"

"今天我教弟弟妹妹们唱歌、跳舞，他们还夸我唱得好，想让我明天再去教他们，可以吗，杨老师？"琪琪问我。

"好的呀，看来弟弟妹妹们都很喜欢你哦。"

"今天我带景景去玩滑梯了，他说真好玩，明天还要来幼儿园跟我玩。"泓泓得意地说。

"我教妹妹画画，但她不会画。"惠惠摸着小脑袋。

"你可以先教妹妹涂颜色的呀。"芯芯说。

小朋友兴致勃勃地分享着、讨论着，很开心，也很有成就感。

"那你们有遇到什么困难吗？"我问。

"有个小男孩，不肯跟我们一起玩，就在那里坐着，很伤心的样子。"

"有个小妹妹，她不让我牵她的手，也不喜欢笑。"

"小妹妹总是让我带她去打电话给她妈妈。"

孩子们把今天遇到的困难说出来，"那你们有想过要怎样处理吗？"我问。

孩子们纷纷给出了建议。"你们都是爱动脑筋的好孩子，明天我们去与弟弟妹妹玩的时候要让他们都能玩得开心些，喜欢你们，喜欢我们的幼儿园，加油哦！"

第二天，我们又来到了小一班，小一班的小朋友看到我们来了，很兴奋地走上来，拉着哥哥姐姐们的手去玩他们喜欢的。但还是有几个小朋友独自坐在座位上，忧伤地望着外面，孩子们走上去，哄他们玩，给他们讲故事，与他们玩游戏，逗他们开心。

这一次，孩子们玩得更好了，没有发现有哭闹的小朋友。

回到大一班的教室，我请孩子们分享他们今天的活动收获。

"今天小妹妹还是让我帮她打电话给她妈妈，我对她说妈妈要上班，让她在幼儿园开心地玩，下课妈妈就会来接她，如果她今天表现得好，妈妈一定会很开心的。小妹妹听后就跟我去玩了。"栋栋开心地说。

　　"有两个小弟弟不肯去玩，我就坐下来剪纸送给他们，他们很喜欢，然后就与我一起玩了，我带他们去操场玩了'大鱼抓小鱼'的游戏，可开心了！"希希兴奋地描绘着当时的情景。

　　孩子们分享了他们的经验，感觉他们一下子长大了，会去发现问题、探索解决问题，懂得在处理问题时理解他人的情绪，大胆表达自己的看法，乐于帮助别人，在照顾小班弟弟妹妹们的过程中，孩子们懂得了帮助别人，团结友爱，这让他们更富有爱心。

　　有爱的世界更和谐，从小在孩子的心中播下爱的种子，用爱育人，教育就是要做有温度的教育。在教育教学的过程中，我抓住了教育的契机，用心去培养孩子养成良好的品质，希望孩子们能快乐地健康成长。

杨月珠

2020年12月5日

初识探究，我准备上路了

第一次听说探究，是听闻启雅幼儿园在做探究课程，并且已经做了10多年出了成果。我被她们的这种坚持研究和实践的精神所感动。在"思想库　探未知"珠海市探究学习联盟成立大会上，雷有光博士的专题分享"儿童的探究：从深度学习走向深度教学——基于儿童的学习"让我对探究学习有了一些认识和理解，通过进一步的查阅资料和学习，我产生了一些思考。

什么是探究？探究既是一种思维方式，包括思考、质疑、分析、理解等，想要解决问题是探究的动力，也是一种多层面的活动，包括观察，提出问题，获得信息和知识，制定调查研究的计划和方法，根据实验数据结果对已有的结论做出评价验证，运用工具收集、分析数据，做出解释、预测和交流结果。

探究式学习是通过幼儿与人、环境的互动和操作，来思考内化和建构经验，并进行迁移、扩展，通过解决问题获得发展。这一学习过程说明它充分尊重了幼儿的年龄特点和学习方式，无疑是最适宜儿童学习的基本方式之一。

　　我认为开展探究学习最重要的目的是培养幼儿的探究能力。探究能力是幼儿在运用各种方法解决问题的过程中所形成的发现问题、分析问题、解决问题的能力。

　　用探究学习的方式来建构课程，对于教师们是非常具有挑战性的。探究课程是源自孩子们的兴趣点引发的一系列问题，具有不确定性，这就考验教师们的观察能力、对幼儿学习的了解程度、教师对问题的先行研究程度等等。如何让有经验的教师和没有经验的教师一步一步地走进探究的课程建设，是需要我们探索和实践的。

　　在"思想库　探未知"珠海市探究学习联盟成立大会上，有三位教师给我们介绍了她们是如何走进探究的，刚好也是有经验和没有经验两种情况。我的理解是没有经验的新手教师在做探究活动时首先要解决常规与安全的问题，有经验的老教师则除了要从关注"如何教"到儿童的"如何学"教学观的转变，还要逐步地改变依赖教材、先行预设的思维习惯。那么新手教师和老教师共同面对的问题首先就是如何解决探究活动中孩子的突发状况，例如：孩子跑题了，现场活动对另一个话题感兴趣了，产生了新的兴趣点要怎么处理？还有就是我们如何在短时间内做好由孩子引发的话题，需要当时或第二天解决这个问题所进行的活动的一些必要的物质准备。

我认为，要解决第一个问题，就是当孩子不再对当前的活动感兴趣，而引发新的兴趣点，教师必须要从三方面去考虑：①思考新的兴趣点，幼儿是否已有经验、能否拓展幼儿的经验或者引起幼儿知识的变化，也就是这个新的兴趣点值不值得去探究。②判断新的兴趣点在当时的学习环境和条件下，能否运用操作、体验等方法来满足孩子的学习需要。③这个新的兴趣点是否是大部分孩子的需要。如果满足这三点，那么我们教师完全可以灵活地调整活动内容，顺应孩子的需要和学习轨迹进行探究学习。

解决第二个问题，探究活动的物质准备，正如前面提到的教师对问题的先行研究，归根于我们要做一个有准备的教师。所以先行研究不单纯地指教师们要了解并熟知幼儿提出的问题的定义、知识点、相关常识等，还要针对这些定义、知识点、相关常识提前收集信息、资源、图片、实物、工具等开展活动可用的物质或非物质的材料，还要运用这些材料来逐步创设学习环境。

先行研究过程也是教师学习成长的过程。一旦学习的过程发生，我们的知识就会发生变化，学习就是一种变化。在探究课程建构中，我们会和孩子一起变化、成长、进步，这就是我对探究课程的理解。

作为探究新手，我准备上路了！

何 平

2020年12月6日

第三篇

启迪新手

人们总是幻想着时光倒流、青春永驻，想着如果能给自己一次重来的机会，肯定要把事情做得更好。这样的心愿，通过我们给新手教师语重心长的话语，绵绵地传递。只要守护着最初的那份心意，我们的每一天，都将是崭新的一天！

你好，新教师

在开学之初，光明幼儿园拉开"唐雪梅名师工作室公益培训——新教师入职第一课"的序幕。本次培训通过线上线下双结合的模式进行，现场有一百一十多位香洲区新建园保教人员，线上有近1000名来自斗门区、高新区和金湾区的老师。

活动在梁凯雯园长和唐雪梅园长以及香洲区教育局学前中心丁宁副主任的欢迎和期望中开启。接着，香洲区教科培中心学前教研员朱小艳

智慧的种子
——唐雪梅名师工作室教师成长日记

女士引经据典，向教师们传递终身学习的理念，期望各位教师能成为一个爱学习，不断成长的好教师，北京师范大学珠海分校教育学院学前教育系张豹副教授用大量的教育实例，讲述与家长沟通的重要性、沟通的技巧以及与家长沟通的策略，解答了新入职教师对于家长沟通方面的疑问。大量鲜活的教育案例也给了新教师许多的启发，大大缓解了新教师对于与家长沟通的焦虑，实用的技巧与策略更是为新教师打开另一扇家园合作沟通的大门。

紧接着由工作室主持人唐雪梅携手工作室的四位骨干教师何平副园长、付爱华副园长、曹卡娜教务主任及我，与新教师共同探讨关于班级环境创设、一日生活活动的开展以及班级管理如何配合等问题。

何平副园长和付爱华副园长两位都是从业多年，资深的一线教师，同时也是从一线教师慢慢走到领导岗位。她们熟悉幼儿园每一个岗位的要求和标准。她们用自身的经历述说着一名优秀教师的成长记。何园长让我感触最深的一句话，就是抓住每一个学习的机会。对她来说，幼儿园所赋予的每一次公开课、各类型的比赛，都是不可多得的学习机会。在这些活动过程当中，可能会感到焦虑甚至茫然，但是当你把这一团乱麻梳理清楚，有序地打开之后，认真对待，在你完成每一个任务的时候，你会发现自己又大大地往前进了一大步。所有无坚不摧的城池都不是一日可建，都是通过一砖一瓦慢慢搭建而成的。当然我也知道，对许多新教师来说，能把本职工作完成已经很不错了，但是，时不我待，抓住每一次机会，好好地学习。获取过程是艰辛的，但是当你攀过一座山，站到山顶的高峰时，再回望来时的路，所有一切的疲惫也将随着清风而吹散。在迎来挑战时，你将会迈出更自信和坚定的步伐。在班级管理当中，老师的配合尤其重要。付园长从多年的班级管理以及幼儿园管理的角度来引领各位新教师认识班主任、配班教师和保育员在班级管理中的角色定位和职能，班级中这三个角色应该如何配合？其实班级管理

就是人、事、物的管理。人分三个层面：幼儿、家长和教师。三位教师就像三个点，当三个点有所联系和正向互动的时候才会形成三角形。三角形是所有几何体中最稳定的结构。如果把一个班级形容成一碗水，那么三位教师就是这个碗。只有当碗是完好无缺并且平稳的时候，碗才能装到最多的水，并且不容易洒出。所以三位教师的相互配合就显得尤其重要。如果三位教师没办法配合，就像三个孤立点游离在幼儿和家长之中，不但产生不了相互促进的作用，反而会相互干扰，导致幼儿和家长无所适从，幼儿得不到应有的提升，家长也不知道如何配合，教学效能就会大大地减低。所以对于新手教师来说，如何在完成自己的本职工作的基础上，与其他两位教师配合，对班级工作显得尤其重要，配合得宜，事半功倍，反之则会事倍功半。

众所周知，幼儿园的一日生活即教育。如何打造幼儿一日的生活安排？每一个环节都能达到教育的目的，体现其教育价值，这对于新教师来说无疑是一个难题。曹主任根据《3~6岁儿童学习与发展指南》，针对每一个环节细细地分说，比如在喝水的环节上，有的教师为了方便统一管理，会让幼儿经常长时间地排队等候。这是否符合幼儿的发展需要，达到教育的目的吗？曹主任用不同案例，针对日常班级管理上要注意的问题，一一分析，细细道来，同时也解答了许多新教师在幼儿管理方面的疑惑。《幼儿园教育指导纲要（试行）》和《3~6岁学习与发展指南》可以说是我们幼儿园老师的"武功秘籍"。只有将这两本"秘籍"读懂读透，才能化有形为无形，把这些融入我们的教学当中。

环境是幼儿园的第三位教师，也是我们一日活动当中重要的组成部分，好的环境创设能够带领幼儿自主学习，激发幼儿探索的欲望，在探索中成长。所以环境的创设对于幼儿园的教师来说，既是基本的技能，也是重要的技能。记得我刚入行的时候，幼儿园的环境创设是每个教师必考的项目之一。从这一点就能体现环境创设其实是从另外一个层面考

验教师的儿童观和教育观。怎样才是一个好的环境创设，可能每个老师心目中都有一把不同的尺子。在《幼儿园教育指导纲要（试行）》中指出："环境是重要的教育资源，应通过环境的创设和利用，有效地促进幼儿的发展。""幼儿园的空间、设施、活动材料和常规要求等应有利于引发、支持幼儿的游戏和各种探索活动，有利于引发、支持幼儿与周围环境之间积极的相互作用。"从上述内容可以看出如何促进幼儿的发展，引发和支持幼儿的游戏和各种探索活动是对环境创设的一个要求。所以，每当我们在一个区域进行设计和规划的时候，我们应该考虑到它是否有利于引发孩子的探索，是否对孩子起到促进发展的作用？如果当我们的环境失去对孩子的吸引力或无法引发孩子进行探索的时候，我们就应该考虑要撤退并替换操作材料，调整环境，使环境保持足够的活力，吸引幼儿进行探索。

听了这么久的理论和案例分析，那我们就来实操一下吧，紧接下来的环节是一个案例分析。其实这个案例在我们的日常教学活动当中很常见："下午放学前，贝贝和另外一位小朋友因为玩具发生了争执，但由于老师要组织其他幼儿准备放学，把贝贝交给保育员老师安抚情绪，在放学的时候，贝贝见到妈妈就立马大哭，说有人抢了他的玩具。妈妈指责老师没有照顾好贝贝的情绪，对他产生心理影响，如果你是这位老师，你会怎么做呢？"我们分了多个组进行小组讨论。

学员有的是从区域管理的角度分析问题，有的从孩子的心理健康分析问题，有的从家园沟通分析问题。学员们展开热烈的讨论。其实幼儿园里面的问题大多不是单一层面的问题，我们需要从不同的角度、多方面分析，比如说我们如果单单只从孩子的情绪去解决问题，而忽略分析区域问题，那么下次区域还是会出现同样类型的问题。俗话说预防胜于治疗。其实班级管理也是一样的，我们应该实时地反思我们教学活动当中的每一个环节是否恰当，对于不恰当的地方要及时做出调整。比如，

在区域活动中，当我们发现玩具没办法满足幼儿的探索需要时，我们就应该及时地增加或与幼儿共同商讨区域活动的一些规则，这样就会大大减少类似于贝贝的这种情况出现。有的幼儿社交技巧比较单一，我们可以通过用绘本、事例等方式帮助幼儿丰富社交技巧。当我们对班级的一些问题具有预见性的时候，我们就能及时地做出反应和调整，而不是被动地在问题发生后再去解决。

今天新教师入职的第一课，一下子把我带回到刚入职的那段青春的岁月。多年的幼教生涯，使我明白，我们需要有更多的耐心、爱心和钻研之心，对待我们的孩子，对待我们的专业。只有这样，我们才能在幼教行业中稳步前进。虽然前路并不是荆棘满布，但也并非坦途。我从这些新教师的眼里看到了星星之火，我相信，只要她们心中有爱，眼里有光，就能翻过一座又一座的山峰。抵达她们心中的理想之地，欢迎你们来到这片幼教乐土，愿我们共同努力，让这片幼教乐土开满五彩斑斓的花朵。

陆远仪

2020年8月27日

藏在孩子身边的教育

最近接到工作室开展网络培训的任务，主要是针对新教师入职时常见的问题而进行的实践分享。我们几位参与讲座的教师们讨论后确定下了几个主题，我分享的主题是：一日生活皆教育。

一日生活皆教育，这句陶行知先生的教育名言，即便是新教师也毫不陌生。那么对新教师的分享，应该以什么为切入点，分享哪些内容呢？我想起了自己刚入职时的困惑。

在学校读书时学了教育学、心理学的各种理论，觉得培养、教育祖国的花朵们是一件挺高大上的事情，满腔热忱地想要好好培养娃娃们，努力想把教育教学活动设计和组织好。但是，教师们在园的日常是：大部分的时间都在管着娃娃们的吃喝拉撒玩，这些耗费精力却在我看来不太重要的事情，让当时的我真的深感困惑。直到被老教师指点，要发现生活里的教育契机，将教育与生活很好地结合起来，我才尝试将理论与实践结合，慢慢地找到了两者的融合之道。

一日生活中包含了哪些教育的元素？作为新教师应该如何将教育融合到一日生活中去？或许，我们现在的分享，可以让新教师有一些更直观的感知。

为了将理论与实践更好地结合，我请出了《3-6岁儿童学习与发展指

南》这本幼教工作者的"修炼秘籍"，将它与我们的日常生活相结合起来，进行分享。

我和教师们一起将《3-6岁儿童学习与发展指南》五大块的内容与一日生活中的环节进行一一的举例对比，并就教师们普遍觉得较少体现的两大内容：科学和艺术，进行具体的事例分享。

第一大块是健康方面，包括身心状况、动作发展、生活习惯与生活能力，这在我们的早操、游戏、进餐、洗手、喝水等许多环节都有体现。第二大块是语言方面，包括了倾听与表达——这是我们在一日生活中运用较多的，阅读与书写准备，在餐后阅读、睡前故事里，在孩子进餐、值日、自我服务等活动中都有运用到。第三大块是社会方面，包括了人际交往和社会适应，这与语言一样，是在一日生活里运用得非常多的。第四大块是科学，包括了科学的探究和数学的认知，第五大块是艺术方面，包括了感受与欣赏，表现与创造。教师们可能觉得，这是在日常一日生活里面不常运用到的两块内容了，一日生活里面有没有科学探究呢？有，那就要看你有没有一双会发现的眼睛。中班有一个叫泽泽的小男孩，有两天，每次洗手时都最晚从洗手间出来，为什么呢？泽泽很兴奋地说："老师！我发现我们班的洗手池里有漩涡！"大家一看，哇，真的。因为洗手槽只有一个下水口，孩子们洗手时四个水龙头同时开，使用的洗手液有很多的泡泡堵在了下水口，导致水流缓慢，当把泡泡推开，拥堵而至的水快速流入下水口，就产生了漩涡。泽泽对漩涡的形成产生了好奇，他还尝试自己去制造漩涡，我们也由此和孩子们来展开探索：漩涡是怎么形成的？小蚂蚁是怎么闻到味道来到教室里？蝴蝶和飞蛾有什么不一样？可以说，日常生活里的科学探究无处不在。这些孩子们在日常生活中经常发现的事情都可以生成一个科学探究的主题。在数学认知方面，一日生活的环节里面，水果餐就是个很好的教育契机，苹果两块、小番茄三颗，孩子在自取时，就在做点数和数字与数量

的一一对应；在积木里有各种的形状，孩子在操作时，就会对形状、形
状的组合与变化产生直观的认识。

艺术的感受也是贯穿于一日生活中，如对自然环境的欣赏，在户外

活动时孩子们对天气、阳光、周围的花草树木等的观察，感受四季变换中花开、叶落，一动一静皆是美。在音乐方面，我们在日常生活的过渡环节中，将音乐作为一个指令来运用，舒缓的、急促的、悠扬的、欢快的音乐，不同情形下使用不同的类型的音乐，逐渐地、自然而然地渗透进孩子的心田，这影响着孩子对音乐的欣赏与感受能力。

所以，一日生活里面，教育的元素始终贯穿。想要将一日生活充分发挥出教育的价值，我们要有一个熟知理论的头脑，一双善于发现的眼睛和一颗巧妙机智的心灵。

曹卡娜

2020年8月27日

沟通让前路畅通无阻

每个人都有初次步入岗位的忐忑和不安，回想我第一次进入幼儿园，自信满满地带着学校里老师教的各种教学理论、教学方法，对一切充满了期待。来到班级，看着同事们有序地组织孩子们，带着一群"小不点儿"上课、玩游戏，安排他们吃饭，组织他们喝水、上厕所，我却站在一旁不知道该干什么，不知道该说什么。同事们有条不紊地安排孩子们，好像很容易，我也跃跃欲试，当真正轮到我组织孩子们的时候，却是手忙脚乱，孩子们也大多不听指挥，终于到了故事时间，有趣的故事内容吸引了孩子们，换来了片刻乖巧，听完故事的孩子们说了句"谢谢老师！"转头又忙自己的去了，那种挫败、尴尬的感受，至今还记忆犹新。如今从事这行已经30年整，面对一群群有激情、有活力的新教师时，常感叹时光的飞逝，也感恩有这么多热爱幼教行业的年轻人愿意投身此项事业。

新入职的教师由于对新环境和同事的陌生，大多担心怎样与同事，特别是同班教师相处？怎样赢得班级家长们的信任？怎样获得孩子们的认可和喜爱？这些担心都很正常，但同时这些问题也都需要时间的磨合，不可能一蹴而就，立刻就看到好的结果。幼儿园教师所从事的职业是与人打交道的职业，不管是在一天的工作中与同班教师之间的工作交流、一日生活中组织幼儿生活、学习，还是与家长的沟通交流，都是在

与人互动，而人的情感是复杂的，也是敏感的，很多的误会源于沟通不畅，很多的信任、支持也源于沟通后的相互理解。如果在互动中缺少沟通，则会为班级工作带来很多不必要的麻烦，因此，新教师入职最重要的是——沟通。不管是担任主班，还是副班，在班级的事务上都要多与班级的另两位伙伴沟通协商，一个班级就是一个小的团队，这个团队虽小，但缺一不可，班级就是孩子和教师在幼儿园里的家，在这个家里，教师们是相互信任的、相互支持的，孩子们的安全感、自信心会远远大于不和谐的班级，班级三位教师一定要齐心，才能顺畅地完成班级各项工作。新教师要主动与新环境里的人沟通，多了解周围的人，融入新集体中，获得团队的认可。要融入新团队，沟通是必备条件，同时沟通也是需要有准备、有技巧的。

往往初入新团队时，我们会小心翼翼，担心自己不受欢迎，害怕自己做错事情，因此在与人交往的时候也大多放不开，其实，只要做到以下这几个方面，在新环境里就能得心应手，游刃有余。

熟悉幼儿园相关规章制度，严格遵守幼儿园的各项规章制度。遵守园里的各项规章制度是对员工的基本要求，俗话说"无规矩不成方圆"，任何一个团队，大到一个国家，小到一个家庭都有自己的规则，在大家都自觉遵守规则的前提下，社会是和谐的，家庭是温馨的，人和人的交往也是愉快顺畅的，作为幼儿园的教师，我们面对的是规则意识尚在建立中的幼儿，为人师表的我们更应该严以律己，管理好自己的言行，做幼儿学习的榜样。

清晰幼儿园的一日生活流程，能有序安排和组织幼儿一日生活，这是新教师胜任工作的最好表现。对自己即将开展的工作，除了心中有目标，各环节安排妥善以外，还要有好奇心和随机应变能力，幼儿园的一日生活的对象是灵活多变的幼儿，很多时候需要教师有和幼儿一样的好奇心，当幼儿发现新奇事物时，在幼儿对教师提出了当场解决不了的问

题时，需要教师带着好奇心和幼儿一起去寻找答案，组织幼儿去探索和发现。了解自己同班教师的兴趣爱好、生活习惯以及对自己的期盼，认真对待两人之间的关系；每天工作8小时，除了睡觉吃饭，白天的时间都在幼儿园里度过，大家对着孩子和同班教师的时间多过自己最亲的人，想要每天工作顺利，心情愉快，就请和同班教师搞好关系，像密友一样相处，接纳、包容、欣赏对方，多为对方考虑，当对方有失误时及时提醒纠正，当对方做得好时，大方地赞赏，当对方犹豫的时候给予支持和鼓励，当对方获得荣誉时，一起欢庆祝贺。

　　熟记班级孩子姓名、喜好、最依赖的人。了解孩子才能找到和孩子愉快相处的方式，真心关注孩子，对每个孩子的趣事如数家珍，才能赢得家长的信任。记得多年前，我新接一个班，更换新教师是家长所不喜的，下午放学接孩子时，家长来到班级门口，当我准确地叫出一个个孩子的名字和乳名时，大部分的家长揪着的心放了下来，愉悦地听我描述孩子当天在园的小故事，田田妈妈激动地说："付老师，我相信你，你只带了我们孩子一天就记住了孩子的名字，还能描述孩子和你相处的细

节，可见你的心里有这些孩子，曾经的×老师带了我孩子一周还把我孩子的名字记错了……"赢得家长的信任不是要做多少讨好他的事情，而是时刻把孩子放在心中，看在眼里，及时将与孩子之间发生的小故事分享给家长，家长是这些故事最忠实的听众。

了解各岗位管理人员及其管理的范畴，在自己需要解决问题时，能便捷地找到相对应的人，避免传话，减少不能及时解决问题的烦恼。

都说新教师要主动，怎样主动呢？留意观察了解同班教师的需要和班级待完成的工作，在己所能及的时候主动承担，而不是等人安排。在班级教师组织教学活动时，边观摩学习，边配合提醒自我管理较弱的孩子参与游戏，减少因个别幼儿对教学活动带来的影响；当组织活动的教师突然需要处理问题时，不是和幼儿一起站在一旁等待，而是主动接过组织幼儿的担子，带幼儿继续未完成的活动，处理问题的教师会心存感激，幼儿的活动也不会因此而被打断；在了解班级的主题活动后，主动思考班级的环境有哪些可以与主题互动，在教学活动中幼儿的哪些作品、活动照片、活动记录等可以呈现在教室里，以什么形式呈现。虽然新入职的教师大部分都在副班教师的岗位，但这并能阻挠教师对班级工作的思考，只有积极思考，常常思考，在遇到问题时，解决问题的方案才会多种多样，思维才能开阔。思考的方案不停留在想法阶段，需要将自己的思考结果提出来，不管是否正确、是否可行，需要有人一起分析讨论，在实践中去验证、去打磨，才能总结出有效的处理问题方案，教师的成长才能更加快速。

机会总是倾心有准备的人，只要你准备好了，当机会来临的时候，就是展翅高飞的时刻。

付爱华

2020年8月27日

从"心"出发，你准备好了吗？

2020年夏末，广东省唐雪梅名师工作室为珠海市多所新开园的公办幼儿园做了"新教师入职第一课"公益培训，作为访谈嘉宾，我有幸和众多新教师面对面地进行交流。也是这个机会，让我审视了自己的成长，对自己职业生涯和心路历程有了回顾和梳理。作为一个"70后"，一个从事幼教工作近30年的老教师，最想对新教师说些什么呢？

对自己要不忘初心。是什么让我在一个岗位坚持了几十年，当然是源自对孩子的喜爱。如果说小时候喜欢比自己小的孩子是因为可以管他们，可以当小老师，那么现在对孩子的喜爱是责任、是使命，是回报孩子们给予我的无私的爱。

我记得带过一名患有先天性脑瘫的孩子。小班时还能自己走路，但是上下楼梯不能做到。那时我们的教室在一楼，这个孩子除了上厕所需要我们帮助，其他的活动还能作为旁观者参与。到了中班，我们的教室搬到了二楼，我和配班教师开始背着他上下楼，这一背就到了大班，三楼的教室。由于孩子腿部肌肉萎缩，慢慢地不能自己走了，每天只能坐在那里，也无法进行正常的学习生活，孩子的脾气也越来越不稳定，时常发脾气，做不守规则的事，我为此很苦恼。有一次我把他从校车上接下来扶着他一拐一拐走进教室时，他说了一句话："变了，变了。"我问他："什么变了？"他笑着说："头发、头发。"原来我改变了发型，他居然注意到了。于是我又问他："好看吗？"他还有点不好意思地说："好看，好看。"原来他是那么的关注我，喜欢我。我深深为自己有时忙于照顾其他幼儿忽视了他而自责。从此，我更加关注他，每天午睡坐在他旁边；陪他上厕所；接他上下校车；户外活动让他坐在我身旁，又或者架着他的肩膀，顶着他的双腿训练他走路。以至于他最后非常依赖我，什么事情都要我帮他，还有只听我的话……

如今这个孩子已不在人世，可我会永远记得他，记得他那双有点迷惘却又清澈的眼睛和与他聊天时露出的腼腆的笑容。多年后，当我听到他去世的消息时，我非常诧异和难过，但我不遗憾，因为在与他相处的日子里，我给予他爱，我相信他也爱我，相信他带着我对他的爱和他对我的爱去到天国。每一个孩子都是一位落入凡间的天使，即便身体会有缺陷，但是他们给予你的爱是最纯真的。作为一名和天使们朝夕相处的教师，我们是不是也应该倾注所有的爱让他们健康快乐地成长呢？这

就是我的初心，既然选择了幼儿教师这份职业，就应该做好准备迎接工作中的快乐、烦恼、琐碎和繁杂，就应该让自己能够享受工作带来的愉悦，也能有勇气承担工作中的压力和挫折。面对困难和挑战，想一想自己当初的选择，想一想那些天使般的笑脸，一切的付出都是值得的！

对他人能理解包容。作为一名幼儿教师，工作无时无刻不需要和人沟通，和孩子，和家长，还有和同事领导。我们要理解孩子的想法和行为，理解家长的不满和挑剔、理解同事领导的建议和批评。面对孩子的哭闹和顽皮，甚至是攻击和破坏，我们要无条件地接纳孩子的一切，用包容的心去面对孩子。我带过一个叫旺旺（化名）的小朋友，小班和中班上学期各方面表现都很棒，中班下学期好像变了一个人，集体活动到处跑，午睡大声喊叫，破坏班上的物品，劝导教育批评都没用。中班的孩子心理发展是处于能慢慢控制自己的情绪和行为阶段，是形成规则意识的时期，可是旺旺为什么会背道而驰？一天放学，和匆匆而来的旺旺爸爸简短交流后才知道，旺旺的妈妈生了妹妹，不久又去外地工作了，爸爸也忙于自己的事业，基本管不了孩子，旺旺这段时间只有姥姥一个人照顾陪伴，姥姥有时还要看护妹妹，对旺旺根本顾不上。四五岁孩子的发展需要得不到满足，就会出现情绪失控和做出出格的行为。是生活环境的变化让旺旺变成了这样，孩子承受了多少压力和失落啊。所以说一切后果都是有原因的，我们应该努力地去寻找事情发生的根源，也就能够用理解和包容的心态去面对问题和处理问题。

对待孩子的表现如此，同样对待家长也一样。我们工作中会遇到形形色色的家长，他们的生活背景和教育程度不一样，所以看待评价事物的标准也不一样。在工作中，难免会有家长对我们的工作不满意，甚至是投诉，我们要保持的心态就是理解对方。因为我们的出发点都是同样的，就是为孩子好。也许就是一些家长为了自己的孩子使用了一些不合适的方式方法，比如对教师、对幼儿园评价使用了一些过激的言语。我们可以不赞

同家长对具体事件的认识和说法，但是我们要尊重家长的观点。这是除教师及家长身份之外，人与人交往沟通最基本的素养。

对事情要善于反思。《幼儿园教师专业标准（试行）》的第三部分"专业能力"的最后一条就是反思与发展：主动收集分析相关信息，不断进行反思，改进保教工作。其实我认为，不仅仅是保教工作，工作生活中的每一件事都值得我们去反思，哪里做得不好，可以怎么样做得更好。特别是在班级管理中，遇到任何问题，我们要先反思自己。作为一位班主任，要反思问题出在哪里，是自己的计划、决策、方法出了问题，还是安排、沟通、协调不妥当。作为一名配班教师也要反思自己是否理解了事情要达到的要求，执行力是否高效，工作配合是否及时等。一直以来，无论是刚刚参加工作的我，还是现在走上管理岗位的我，一直有个习惯就是遇到事情我会思考。和自己有关的工作任务，我会思考如何做好；不是自己的任务，会思考如果我来做可以怎么做；做过的事情会思考哪里做得好，哪里做得不够好，不够好的原因是什么，可以怎么解决。在做一线教师的时候，经常组织教学活动，活动结束后就会思考今天的活动孩子们很喜欢，我还可以设计类似的活动；今天的一个提问孩子们回答不出，为什么？是提问方式不正确，还是孩子们的经验达不到？可以换成一个什么问题可以帮助孩子来理解呢？走上管理岗位后，策划组织过幼儿园多项大型活动，每一次活动后，我都会组织教师们对活动的准备、过程和结果进行反思，找问题、找原因、找解决方法。就是在这样的思考反思中，我们的专业知识才能逐步积累，我们的专业技能才能得以提升，我们对教师职业的认识才越发深刻，我们工作的幸福感才越来越满。

对未来感受美好。也许在孩子成长过程中，幼儿园教师是最容易被忘记的。但是这有什么关系呢？与每一位孩子三年相处的欢笑、泪水、生气、苦恼已足够让我回忆和品味的了！时间的相册记录下多少和孩子之间的小美好：看到我辛苦工作，孩子端着水杯对我说：老师喝水；我

在专心做一件事情时，突然被孩子一抱，脸上留下孩子甜蜜的亲吻；在日常活动中，孩子们追着叫我妈妈，而不是何老师；在户外活动时，孩子们围着我，给我捶背，抚摸我的长发；遇到伤心的事，孩子把头伏在我的肩头轻轻地抽泣……这时，我觉得：被信任、被爱，做幼儿教师真的挺好！与其被那些关于幼儿教师的负面新闻所影响，被工作的挫败感所笼罩，不如调节自己，感受和孩子们在一起的小美好，感受孩子们带给我的小温暖，感受这份职业带给我的感动和幸福！

回顾近三十年的幼教生涯，一切归于内心，无怨无悔！而对即将踏入工作岗位的幼儿园教师，我想说的是，要从"心"出发，保持初心，拥有理解包容之心，坚持勤于反思之心，努力感受美好之心，我们的幼教之路才能越走越长，沿途的风景才会越来越美！

何 平

2020年8月27日

第四篇

热忱帮扶

我们从不孤单，因为无论在平原还是高山、无论在海边还是林间、无论在盛夏还是寒冬，都有着和你、我一样的，满怀热忱地投身于幼儿教育之中的人儿。我们就如同一朵朵满心向阳的花儿，摇曳互盼，蕊聚童心。

草船借箭

在立夏的第二天，我们来到了横琴中心幼儿园。在来的路上，看着从前的烂泥滩上逐渐升起的一座座高楼，各种现代化的设施平地而起，而横琴中心幼儿园是横琴新区政府投资兴建，在2015年正式投入使用的一所大规模高品质的公立幼儿园。听说它拥有着高素质的管理团队和专业而年轻的师资队伍，让我有点小好奇和小兴奋，好想快点见到它的庐山真面目。刚踏进这所幼儿园，就被它地中海欧式建筑风格以及典雅优美的环境所吸引。在胡园长的带领下，我们参观了幼儿园，户外有一个小的足球场和大大小小的游乐设施，孩子们在阳光下嬉笑，旁边有种着各种蔬菜瓜果的种植园地，孩子在园中探索着各种大自然的秘密。穿过童话剧场、科学室、淘气堡、格林书屋、美术室与陶艺室时，不时传出孩子的惊叹，让我有一种一探究竟的冲动，好想知道孩子在玩什么，可是因为孩子都在里面进行活动，不便打扰就没进去了。不知道下次参观时可不可以让我也进去和孩子一起玩下呢？转念一想又觉得是否想多了一些，嘻嘻，不过想想也挺好，梦想总是要有的，万一实现了呢！走了一会儿神又继续听胡园长介绍，从他们幼儿园的核心文化，讲到教师的教研和培训，让我感觉现在的横琴中心幼儿园就像迎来了它的"立夏"，有充足的阳光和雨水，正步入茁壮成长阶段。这次他

们为了提升园内教师的教学能力，还邀请了早期阅读专家马灵雁老师以及我们工作室的成员，一起参与这次的教研活动。

　　本次教研活动主要是围绕绘本阅读展开，我带去了中班语言创编活动"打雷了"。在活动中，我先用小游戏"打雷了"引导幼儿在听到雷声后用肢体扮演成自己喜欢的小动物回家躲雨，为接下来的活动进行"热身"，接着我请小朋友观察小短片，并说说小短片里有什么动物，发生了什么事？小朋友很快就看明白了，有一天小鱼儿和小乌龟慢慢在大海里面玩耍，突然听到了轰隆隆的雷声，小乌龟慢慢很害怕，缩到乌龟壳里哭了起来。我请小朋友创编之后的故事情节，小鱼儿是怎么安慰慢慢的，是怎么样帮助慢慢克服怕打雷，慢慢又是如何谢谢小鱼儿的。在创编的过程中我利用了绘画式的思维导图帮助孩子记录下他们每一个想法，经过他们的讨论选择其中一个孩子喜欢的想法编入故事当中，完成故事创编，接着孩子根据思维导图把故事进行复述。最后孩子选择故事中喜欢的角色进行故事表演。其他四位教师用好玩的游戏和生动的语言，带领着小朋友畅游了绘本的世界，感受着绘本的神奇魅力。在教学活动结束后，教师们针对刚才的五个活动相互讨论，思维活跃，营造了互动式的对话氛围，引起了教师个体之间的反思与共鸣。接着由马艳玲老师和唐雪梅园长对教师们的绘本活动，从活动目标、活动内容、教学环节设计等方面进行指导，提出了许多宝贵的意见和建议，感受颇深，收获良多。

我觉得每次的教研活动就像草船借箭一样。其他教师对教学活动所提出的每一个观点或建议，往往就是在我们设计课程或在做活动过程当中容易忽略或有待改善的地方。所以我们应该把每一次的教研活动当成一艘草船，善于倾听他人的意见，吸取他人的建议。他山之石，可以攻玉。

在我们借"箭"中，要善于整理分析，将不同的建议进行优先等级划分，一般我会把针对活动中核心问题的观点和建议摆在最前面，先反思和分析，往往核心问题关乎一个活动的成败，所以针对核心问题提出的观点和建议会使你对活动有一个全新的认识，会解决活动当中一些根本性的问题，提升整个活动的质量和教学效果。比如在活动当中目标的设立是否符合孩子的年龄特点以及学习经验，活动的环节是否紧扣目标，逐步递进，最终有效地完成所设立的目标。比如在研讨时有教师提

出，最后一个表演环节是否可以作为一个延伸活动在课后进行，留更多的时间引导孩子深入讨论故事里的情节，让故事更加丰富，或讨论慢慢和小鱼儿之间的对白，使故事变得更加有趣生动。类似于这样的观点，我就会把它放在优先的等级进行分析处理。确实，在这个语言活动当中，表演环节只是锦上添花。如果我们能留更多的时间在故事情节或角色对白之间的创编上，故事将会呈现得更有趣、更丰满。在下次类似的语言活动当中，我可能就会把最后一个环节改为进一步地引导孩子继续深入创编。

其次是小观点和小建议。如果说针对核心问题的观点和建议是解决活动中的根本性问题，那么小观点和小建议就会让你的活动更上一层楼，让你的活动更加流畅和精彩。比如说第一个热身的环节中，每个小朋友会选择一个动物挂牌，然后根据自己所选择的动物挂牌用肢体动作进行扮演。在热身活动结束后，我并没有把它收回，而是一直让孩子戴在手上直到活动结束。有教师提出可以在热身活动结束之后就把动物吊牌收回来，这样可以减少动物吊牌在其他环节中对孩子的干扰。在第二个环节编故事刚开始的时候，确实发现有其中的一名小朋友，一直在关注自己手中的吊牌，可是很快他就跟上其他小朋友一起投入编故事中，如果万一在编故事的环节中，小朋友不感兴趣，那么小朋友就有可能继续玩手中的动物吊牌。所以教师所提的意见能让我反思活动中有哪一些是可以避免的，让一些不必要的问题发生，使我的活动更顺利地完成。

还有一种"箭"是它本身非常好，但是与你的教学风格或活动的形式不太相符。那么我们可能就需要稍微将它改变一下，转化为自己的东西再行使用。

"草船借箭"不单单是上观摩课的教师，评课的教师也可以在讨论中得到很多有用的观点和建议。根据这些观点和建议，反思平时在日

常的教学活动当中，是否有相关的问题？进行比对分析。三人行必有我师，我相信每个人身上都有值得他人学习和借鉴的地方。不管是年轻的教师或资历深厚的教师，留出空间听取他人的一些意见，吸取一些新的想法和新的观点。

陆远仪

2019年5月7日

生活中的绘本剧

4月的读书节刚结束，6月的艺术节又快来了。每次表演活动要选剧本、改编剧本、创编动作，确实很伤脑筋。孩子刚开始都是兴致满满，到最后却面无表情。一个月下来，无论是老师，还是孩子都非常辛苦。

　　还记得在筹划节目之初，我的方案是改了又改，说是让孩子自导自演，但要做到真正的完全放手，是不可能的。老师的心里是要有一定底气的，要对孩子们的发展水平相当了解，我会先改编好剧本，然后再放给孩子们看，让孩子们自导自演，孩子们表现出的自信让我充满了信心，我又一次验证了那句话："当不知怎样做时，就去问问孩子。"这句经典的话慢慢让我学会了怎样真正地放手。

　　近年来，许多生动有趣的绘本进入幼儿园，进入幼儿的日常生活，我也开始接触到了绘本教学，慢慢发现绘本阅读非常符合孩子的年龄特点，他们不认识汉字，但对色彩鲜艳的图画书很感兴趣，3–6岁幼儿最适合他们的阅读形式就是绘本。很多教师也开始研究绘本教学的意义、方法等。

2012年，在开展绘本阅读课题时，我尝试在绘本教学时加入绘本剧教学，希望孩子们通过一定的环境创设，根据一定的情景在舞台上表演，通过自己的亲身体验来感知生活，进一步加深对角色的理解，确实孩子提升很大。每周的绘本分享后，我会让孩子大胆地说出最喜欢哪一个，并说出其理由，力争让每一名幼儿都发表自己的看法，然后根据孩子的喜好选择他们的角色，孩子们也能在喜欢的角色中大胆想象和表演，同时也提高了孩子的专注力和自信心。每一次绘本学习后，我会与课题教师进行深入的探讨和交流，让每位教师都能发表对绘本内容的理解和看法，在把绘本改编成绘本剧时抓好切入点，让每位教师都能进行创编活动，最后大家在一起讨论，哪个教师的改编最符合孩子的特点，我们就以她的改编为主进行戏剧活动，再让专业的教师指导一下，配以合适的音乐舞蹈等，力争让每次的活动孩子们都能认真参与，逐渐提升表演力。

后来我了解到博爱幼儿园的特色课程之一是儿童戏剧表演，为什么他们会选择戏剧表演作为特色，孩子们表现欲望如何？他们都会表演吗？5月7日，有幸来到了博爱幼儿园参加了绘本活动教研活动，陆老师开展的小班活动，小班幼儿该如何表演，他们会表演吗？但老师做到了，孩子也做到了，陆老师用艺术的语言，让全体幼儿都参与表演故事，幼儿既可以充当导演，也可以充当演员或观众，支持他们的所思所想，通过师幼互动，幼幼互动，发展幼儿的表现力、想象和创造力。

其实在我们生活中也是这样，每个孩子都是自己的主角，演出中必然也是这样的。为了能让每个孩子在活动过程中体验到快乐，得到更大程度的成长，虽然演技可能不太好，服装、道具也没有那么精美，但孩子们的表演是那么的自发而真实，表情是那么的自然，心情是那么的愉快，孩子们的个性也得以张扬。

说实话，班级的每一个活动都是离不开家长的支持的。在表演活动时，孩子们确定了自己的角色后，大部分的家长马上主动帮助孩子购买要演的绘本书，也有的在电脑上搜出视频让孩子来欣赏，孩子们在生活中常常会自发地交流一些相关的话；将孩子制定出的道具和服装单发到群里后，大部分的道具是孩子能独立完成的，我们就在区域活动时一

起制作。而有的则需要家长的帮忙，这其中最重要的是家长们理念的认同，家长们越来越看到孩子在整个活动过程中的体验，尤其是家长们以正面的语言激励着孩子的参与，在尊重孩子的自主表现和选择等方面做得特别好，这样形成了家园合力，为孩子长远的发展奠定了基础，受益的当然是我们的孩子，相信孩子能行，孩子就真的能行！

当下，在独生子女家庭里，一个孩子身边常常围绕着六个大人，得到百般的呵护和关爱。进入幼儿园后，一个班好几十个学生，老师常常无法均衡顾及每一个孩子的感受，甚至有时会忽视。孩子们都是渴望被看见、渴望被重视的，这需要释放的平台和机会。博爱幼儿园陆元仪老师用戏剧游戏激发创意与想象力，将表演艺术融入生活，进而丰富生命。通过表演，在知性与趣味中轻松拥抱科学、知识。真正的学习，并非表面的知识复制，更多的是在领会交融中学到为人真谛，提升幸福感。

未来的世界，分工会越来越细，竞争愈发激烈，更要培养孩子的抗挫能力、学会忍耐。看戏是一种娱乐，是一种学习。儿童戏剧希望带给大朋友、小朋友的不只是感动，不只是智慧，更要从感动与智慧中，永不止息地探究生命。

杨燕婷

2019年5月7日

成长，"缘于"有趣的图画故事书

随唐雪梅名教师工作室来到横琴中心幼儿园参加了语言领域教学研修活动，很开心见到多年的老朋友马灵雁老师。从2007年参加南京师范大学出版社宁谊幼教研究中心组织的"行动感悟成长——幼儿园活动整合课程教学案例评比，赴南京在两岸三地幼儿教育整体观与幼儿园课程实施"学术研讨会上展示活动，到2015年进行的绘本主题资源研究的课题，一直受教于马老师的帮助和指导，而对于幼儿早期阅读活动产生兴趣，是有缘于一本幽默有趣的图画故事书《国王生病了》。

　　图画故事书被公认为是儿童早期教育的最佳读物，也是我们组织阅读活动的载体。图画故事书，是用图画与文字共同叙述一个完整的故事，是图文合奏。说得抽象一点，它是透过图画与文字这两种媒介在两个不同层面上交织、互动来讲述故事的一门艺术。有的图画故事书会传达三个故事，一个文字的故事，一个图画的故事，一个图文交替的故事。《国王生病了》就是这样一本有趣的图画故事书。

　　《幼儿园教育指导纲要（试行）》中指出，教师要善于发现孩子感兴趣的事物、游戏和偶发事件所蕴含的教育价值，把握时间进行积极的引导。当我第一次阅读《国王生病了》这个故事时，没有意识到画面传达的内容，而是注重了文字的理解。当我为国王病情加重和大臣们也病了的结局而疑惑和思考时，才又重新审视故事的每一个画面而恍然大悟。孩子们会不会有同样的疑惑呢？于是，我给孩子们讲了这个故事，但是没有给他们看画面。果然，孩子们都说国王的病好了。当我有告知孩子们不但国王的病没有好，大臣们也病了时，孩子们的眼里充满了好奇和疑惑，有的孩子说国王是累病的。于是我有思考，如果再将画面呈现给孩子，他们会细心地从画面中找到答案吗？如果能找到，那是多么有意思呀！孩子们会感受到故事的文字和画面契合所产生的幽默趣味，还能无形地明白一些道理。于是，我设计了大班的阅读活动"国王生病了"。《国王生病了》这本故事书的文字表达如果脱离了画面，很容易让人产生错觉，必须将图文结合阅读，才能体会故事真正要表达的内容和含义。于是，我在设计活动时，没有将图书直接呈现给幼儿，而是巧妙抓住故事的内容和图画分开就容易产生错觉这一点，先给孩子讲故事，并设计悬念，引发幼儿的好奇心，再通过观察画面，让幼儿找出"国王的病为什么没有好"的原因。孩子们带着疑问有目的、有思考地去观察画面，从中体会到图画与故事内容契合所带来的诙谐和幽默。

　　一本有趣的图画故事书，一个偶然的发现，让我对阅读活动产生了

浓厚的兴趣，设计出了"多多什么都爱吃""棒棒和胖胖"等阅读互动案例。随着教学经历的积累，逐渐理解掌握了阅读活动的设计、组织与实施的原则、方法和技巧，我产生了研究绘本主题课程的一些想法和思考。幼儿园教育，是促进幼儿全面发展的教育。《幼儿园教育指导纲要（试行）》强调要把教育和儿童发展作为一个有机的整体来看。我们在理解和领悟幼儿园五大领域的教学含义和目标的同时，必须逐步深化各领域内部以及各领域之间的相互渗透和融合的认识。《3-6岁儿童学习与发展指南》中提出的实施原则第一条就是：关注幼儿学习与发展的整体性。儿童发展是一个整体，要注重领域之间、目标之间的相互渗透和整合，促进幼儿身心全面协调发展，而不应片面追求某一方面或几个方面的发展。我所理解的绘本主题就是在挖掘绘本的多元教学内容的基础上形成一个完整的主题活动，实现多领域的整合，在培养幼儿阅读兴趣的前提下，促进幼儿的全面发展，为孩子终生的发展奠定良好的基础。基于以上思考，我于2015年进行了《幼儿园绘本主题实践研究》的课题申报。

经过两年多的研究和探索，对于绘本活动，我有了新的感悟和理解。绘本以其精练的文字和精美绝伦的图画给儿童自由的想象空间及视觉的享受，是主题教学下统整各领域的最佳媒介。一个绘本可以涵盖其他学科领域知识，在挖掘绘本的多元教学内容的基础上形成一个完整的主题活动，实现多领域的整合。对于幼儿来说，借助绘本的阅读活动能够给他们提供一种认识世界的独特视角，同时绘本教学也是

社会、语言、认知、情感、艺术领域教育渗透、整合的一种有效途径。

　　儿童绘本中蕴含美术、音乐、社会、自然等潜在的缄默知识，这些知识对儿童的生活和学习都发挥了基础性的作用。绘本运用在早期阅读活动中，虽然不能立竿见影地实现我们对孩子的所有期望，但是绘本中高质量的图与文，对培养孩子的认知能力、观察能力、沟通能力、创造能力，还有情感发展都有着难以估量的潜移默化的影响。绘本是幼儿园语言活动最好的载体，是幼儿早期阅读活动的最好媒介。

　　多年的实践证明，绘本活动对于幼儿的语言发展有着不可估量的作用。所以，我们要想让借助于绘本或者是图画故事书的阅读活动最大化地发挥助力孩子成长的作用，就一定要利用好家长这一资源，家园合力开展有效的阅读活动，势必达到事半功倍的效果。随着社会的发展和进步，家长素质越来越高，越来越多的家长重视孩子的阅读。但是通过观察和了解，对如何给孩子选择书、如何和孩子一起阅读书、如何给孩子

创设良好的阅读环境、如何让孩子喜欢上读书、如何让孩子养成良好的阅读习惯等，是很多家长比较迷茫和面临的问题。作为幼儿园教师，我们要把工作中的经验和感受传递给家长，指导家长开展亲子阅读活动，让阅读成为我们终身的习惯。

2018年，我对我园家长做了一场名为"亲子'悦'读促进幼儿健康成长"的父母课堂专题分享。从读文章、听故事、说经验和树观念四个环节和家长一起探讨如何给孩子选择图书、如何和孩子进行亲子"悦"读和如何解决阅读过程中产生的问题等。

首先是如何选择图书。基于孩子的年龄特征和学习特点，要建议家长不要为孩子选择动画效果和全是文字的书，选择图书可以从以下五个方面考虑：①图画会讲故事，只要看图就可以了解故事的大致内容，幼儿是由图画进入语言世界的。②插画的颜色和形态，形重于色，形是讲故事，色是增加效果的配角。③故事构思精巧，富有创意，故事是否说明：时、地、人、事、为何？如何？④文图一致，孩子会认真观察和体会到故事中文字与插画的关系。满怀信赖走入故事，体验阅读乐趣。⑤表现的主题，故事传递的价值观、情感和精神等体现"正面"的教育意义。

其次，家长如何和孩子一起读书也同样重要。我给家长的建议——哪里都不要放过，即带孩子读封面、读环衬、读扉页、读正文、读封底，甚至再来一遍。对于一本优秀的图画故事书来说，封面往往包含了很多信息，我们可以通过封面的图画想象出很多可能性。比如有些封面的图画会透露故事的主人翁是谁，又或者这本书是一个什么类型的故事。环衬对于经典故事书绝不是多余的装饰品，有些故事从环衬上就开始了。例如，绘本《松鼠先生和月亮》，整个故事从前环衬就已经开始，一直到后环衬结束。还有一些环衬上的小图画元素是对正文的预告和补充；还有一些环衬的图案是画家精心设计的送给读完绘本后意犹未

尽的孩子们的小礼物。即便有些故事书的环衬仅仅是单色纸张或是重复性图案，也是通过精心设计而选择的，环衬的颜色一定和正文故事的氛围和图画风格相得益彰。环衬之后一般就是书的扉页了，上面会有书名、作者、译者和出版社等信息，让孩子了解这些信息非常重要，同时绝大部分故事书的扉页上也有精心选择的图片信息。故事书的扉页面往往是继封面后对故事内容的再一次提示，它们通常出现的目的是帮助小读者再一次确定主人翁和对正文内容进行进一步预测。有些画家还会在扉页上故意埋悬念引导读者的好奇心和想象力。翻过扉页后，终于到了正文部分了。正文一般由文字和图画两部分组成，也有无字书只有图没有字，只用图画来讲故事。那么家长和孩子该怎样阅读故事书的正文部分呢？最好的办法是和孩子一起读。许多进行亲子共读活动的家长会发现，家长和孩子一起读故事，对双方对故事的理解都有很大的促进。读完故事，不要以为告一段落了，还有封底呢。好的故事书的封底也会藏着小惊喜，有的封底会和封面连成整体，共同完成内容预告的作用，有的封底又有些独特的小设计，强调一条线索或某个角色，有的封底还会告诉我们另一个故事的存在。优秀的图画故事书值得一读再读。你会惊奇地发现，每一次为孩子读或者自己读，都能读出和前一遍不一样的味道，那么为什么不和孩子再来一遍呢？

　　亲子阅读可以促进孩子和父母的情感。但是阅读过程中出现的小插曲有时也会让爸爸妈妈抓狂。比如说孩子总是打断正在讲的故事；孩子喜欢反反复复听一个故事；听完故事无论问什么，孩子总说不知道。对于这样的问题，家长不必着急和担忧。除了孩子本身不喜欢这个故事以外，孩子自主意识的增强和语言爆发期的到来，会让孩子出现打断故事的情况，因为他们需要更多的新的刺激。还有孩子喜欢反复听一个故事是年龄段成长的过程和特征，每一次的反复，孩子们关注点会不一样，这是孩子们从故事中获取信息的方式。还有在阅读过程中不要急于对孩

子进行提问和测试，或许我们需要做的就是等待，让孩子慢慢地理解故事，再和孩子进行一些讨论。

在父母课堂之前经常做的是和孩子们分享故事、阅读绘本，殊不知和家长朋友们也能从一个图画故事书进行交流和探讨。这不也是一种学习和成长吗？

故事书是我们童年生活中不可缺少的成长素材。运用图画故事书或者是绘本进行幼儿园阅读活动的研究，在我国已有十几年的时间。作为一名幼儿园教师，我希望有更多的优秀的图画故事书给我们启发和灵感，让我们更好地探究阅读活动对幼儿语言的发展。

何 平

2019年5月7日

碰撞·成长

横琴中心幼儿园成立不到四年，教师队伍偏年轻化，教师教学能力亟待提高，作为园长的我有责任帮助教师们不断成长。于是我想到了借助广东省唐雪梅名师工作室的资源，来帮助我园教师提升教学能力。

广东省唐雪梅名师工作室的主持人唐雪梅园长和工作室的优秀教师们相聚在珠海市横琴中心幼儿园，开展"语言领域"教学交流研讨活动。此次教研不仅邀请了凤凰幼儿园、南山幼儿园和横琴中心幼儿园三所跟岗园的教师负责展示教学活动，还特邀幼儿早期阅读专家马灵雁老师进行专业指导。

为参加本次教研活动，教师们都做了精心的准备，并进行了精彩的展示。

第一位是来自凤凰幼儿园的陆远仪老师，她带来的是中班语言创编活动"打雷了"，陆老师通过好玩的小动物"回家"的游戏与孩子亲近，在过程中记录每一个孩子的想法，还邀请孩子进行角色扮演，孩子们在这个过程中积极主动，很是快乐。

第二位是来自南山幼儿园的张锐老师，她带来的是中班语言活动"想长脚的石头"，张老师用有趣的手偶表演介绍故事内容，通过谈话的方式和孩子探讨"石头为什么要长脚"等问题，从而延伸到每一个事

物都有它自己的作用，不需要羡慕他人，使得孩子们在听故事的过程中获得丰富的情感体验。

第三位是来自横琴中心幼儿园的马嫚丽老师，她带来的是大班游戏故事书《跑跑镇》。马老师首先根据班级幼儿的情况调整游戏故事书的内容，从先展示两个不同对象碰撞出现新事物，到给出新事物让孩子猜由哪两个碰撞而成。马老师还自制了游戏卡片，给了幼儿良好的游戏体验，使孩子们乐在其中。

第四位是来自横琴中心幼儿园的张真真老师，她带领KC2班的小朋友一起欣赏了绘本《我的幸运一天》。张老师借助PPT，通过角色扮演和肢体语言，使孩子们跟随跌宕起伏的故事情节，展开了一段紧张刺激的故事之旅，使得孩子们不仅获得了丰富的情绪体验，而且提升了实际的生活经验。

第五位是来自横琴中心幼儿园的李川老师，她带领KD4班的小朋友一起欣赏了数学绘本《让谁先吃好呢？》。虽然故事情节很简单，但李老师带着孩子们一起参与其中，将整个课堂的氛围变得很活跃。最后，李老师以游戏的形式帮助孩子们理解抽象的数学概念，让孩子们在游戏中强化了知识学习。

在教师的展示环节结束后，就开始了名师点评环节，专家们针对每一位教师的活动进行了详细点评，对在场的教师们来说都是一次头脑风暴。看似简单的绘本阅读，却如此的不简单，讲好一个绘本需要教师的专业理念做引导，专业知识做基础，专业技能做保障。唐雪梅园长赞赏了陆远仪老师在教书绘本过程中对幼儿的"低姿态"和对工作的"高热情"；并肯定了张真真老师能够制定合理的教学目标并完成目标的能力。马灵雁老师表扬了马曼丽老师能够根据班级幼儿的经验基础，对活动内容做出灵活调整；认可了张真真老师和李川老师对课堂氛围的营造和对故事的生动演绎。

展示过程也暴露出了一些问题。马灵雁老师和唐雪梅园长对教师们的绘本活动从活动目标、活动内容、活动过程等方面进行了指导，提出了宝贵的意见和建议。

首先在目标上，重要的是关注幼儿的情感体验，关注绘本故事本身的趣味性，避免空洞的大道理说教；其次在内容上，教师要把握绘本的核心思想和重点，忠实于文本，使幼儿在情绪体验的过程中获得对故事情节的理解。再次在过程上，根据领域教学知识PCK的要求，教师应在教学内容、教育对象和教学策略方面做好充足的准备，包括了解孩子的经验基础，充分演绎绘本故事，准备教学材料，进行有效提问，及时鹰架；等等。最后也是最重要的，应时刻关注幼儿在活动中的主体性，保证幼儿在活动中的主体地位，唤起幼儿在活动中的主动性，把话语权还给幼儿。

经过上午和下午的观摩与点评，教师们都觉得获益良多，而马灵雁老师带来的故事图画书阅读与指导讲座对于一线教师们来说更像是一场及时雨。马老师为我们梳理了从如何选择一本好绘本，到如何确定合理的活动目标，再到如何完整地开展绘本活动这一完整的过程。

　　首先马老师为我们讲解了绘本的体裁分类，提升了我们对于绘本的概念认知，丰富了我们平时的绘本阅读内容，从日常选择的故事类扩充到诗歌类、知识类以及散文类；随后又帮助我们明晰了故事图画书的特点，这是我们判断绘本质量、选择一本好绘本的标准；同时也帮助我们明确了阅读的核心经验，使我们能够更加合理地制定活动目标，将形而上的概念转化为绘本中具体的经验。当我们选择了一本好的绘本，制定了合理的活动目标，就要开始着手准备活动过程了。在绘本活动开始前，马老师为我们讲解了阅读活动开展前的重要准备工作，即读本分析，从图画语言、文学语言和教育语言三个方面来分析书的内容和形式特征、体悟书的美术语言特色、把握书阅读教育的切入点。而读本分析具体可以从以下三步着手，第一步从读者的角度，只为自己读，第二步从幼儿的角度来阅读，第三步从教学的角度反复阅读，这样一来就能够对绘本有一个详细而整体的掌握。最后还帮助我们梳理了活动的开展过程，即故事图画书的阅读指导策略，一是观察与猜测，二是讲述与倾听，三是讨论与交流，四是模仿与扮演，五是仿编与续编，为我们展示了一个完整而充实的绘本活动过程。

本次教研活动，从教学展示，到活动点评，再到专题培训，环环相扣、层层深入，对参与其中的教师们的帮助非常大。教师们全程都十分投入，积极回应问题，与唐园长、马老师保持着愉悦的互动。教师们纷纷赞扬这场干货满满的主题讲座，表示受到了很大的鼓舞与启发，进一步激发了教师们对于绘本的学习、研究热情。此次活动，让我们的教师更想阅读，让我们的孩子更"享"阅读！

活动结束后，教师们纷纷写下了对本次教研活动的感悟。

曹卡娜：在这次横琴中心幼儿园的语言教研活动中，我们看到了几个精彩的语言活动，或开拓了我们在创编故事活动中的思路，或让我们思考在绘本活动开展中的不足与创新。而马灵雁老师的点评，更是刷新了我们对常规语言活动就是绘本活动的错误认知，让我们重新温习了语言活动的种类，以及丰富了我们在绘本活动中对绘本内容的理解、对活动目标的设计、对活动重难点的把握等方面的认识。感谢广东省唐雪梅名师工作室和横琴中心幼儿园为我们创设的交流和研讨的机会，为我们对今后语言活动的开展提供了更多的教学方法和创新思路！

陆远仪：在这次语言教学研讨活动中，我第一次与横琴中心幼儿园的孩子一起进行语言创编活动。在活动中，孩子的积极发言、奇思妙想，创编了一个既温暖又友爱的故事，最后还把创编的故事进行了戏剧表演，孩子们的表现实在是太棒了！在活动中还听到了另外四位同行教师精彩的语言活动，针对五个活动进行了全面分析和积极讨论，马灵雁老师以每一个活动为例，以小见大，梳理语言活动中要注意的一些根本问题，如何选择适合的图画书，如何准确把握图画书中的主题，有针对性地提高幼儿的语言能力等，可以有效地帮助我们解决语言教学中的现实问题。我们还跟着马老师一起学习如何进行图画书的分析，获得了许多关于绘本分析的干货，这真的是幸运的一天啊！

张十文：非常有幸在横琴中心幼儿园聆听了马灵雁教授的语言领域

的分享讲座以及观摩了五位年轻教师的语言活动及研讨，马灵雁老师对观摩课精彩透彻的分析和讲解让我重新开始了对语言活动的新想法和新解读，同时也清晰了我心中多年对语言教育模棱两可的认识，如果有机会我想能更多地感受马老师的教育心得和对一线教师的指导帮助。其中给我印象最为深刻的是马老师对书本的深刻分析，只有教师们读懂一本书，读透一本书，才能用正确的思路引导孩子走进书本的中心大门，每一本书都有它最重要的信息传递，理解作者的意图和所想表达的含义是我们首先要做的第一步重要工作。语言是人类最重要的交际工具，是人们进行沟通交流的各种表达符号，人们借助语言保存和传递人类文明的成果。孩子们学习语言是他们一步步走向文明的必经阶段，幼儿园教师必须担负孩子学好语言、使用语言的重要教育使命。

......

胡亚敏

2019年5月7日

体育游戏里的乐趣

2015年我刚来到南水中心幼儿园，就听园长说咱们幼儿园申请了关于民间体育游戏的课题，但由于这所新园是一所建立不到三年的乡镇幼儿园，在硬件设施和师资力量都存在不足的情况下，唯一一个得天独厚的资源就是有宽敞的户外活动场地，足够孩子们玩耍和奔跑，课题开展的进度特别缓慢，教师们找不到准确的定位和方向，我也是初次接触民间体育游戏，带着各种疑问，我和我的配班教师便查阅各种网络资源，收集民间体育游戏，但由于民间游戏很多都是口口相传的，能记载下来的游戏少之又少。于是我们便发动孩子们回家向爸爸妈妈，甚至爷爷奶奶请教，正确收集到更多的游戏，同时幼儿园的其他老师也开始收集起来。从一开始的十几种游戏，慢慢累积收集了上百种游戏。游戏收集后，我们开始筛选哪些适合我们开展，结果发现很多游戏都不便于在幼儿园开展，有些是南北地域的差异，有些因为规则太烦琐，有些则对幼儿的运动技能要求太高，最后选出了60种民间体育游戏投放到大中小各个班级尝试开展游戏。

　　当时第一学期我带的班级是大班，幼儿的体能和运动水平都已经比较成熟，我们重点选择了跳皮筋和丢沙包，这些都是我小时候特别喜欢玩的游戏，每每一玩起跳皮筋，就会忘记回家的时间。我希望能将这些优秀的民间体育游戏继续传承下去。当我拿出一条长长的黑色皮筋时，小朋友们都投来了好奇的目光，他们觉得很奇妙，纷纷开始研究这个从未接触的新鲜玩意儿是怎么玩的，可是玩来玩去都找不到方法，我便开始告诉他们简单的跳皮筋的口诀，像《周扒皮》《马兰开花》《小皮球》，然后一边念儿歌一边在两条绳子中间跳动，由于我跳得太快，孩子们都很难记住，于是我又开始调整，把难度降低，变成最简单的开合跳法，从绳子的外面跳进绳子的里面，再跳出来，先尝试单脚，再使用双脚，孩子们开始跃跃欲试，一开始他们的动作不太协调，经常会踩到绳子，甚至有些小朋友会被绳子绊摔跤，有些小

男孩放弃了跳皮筋的游戏，其实回想起来，我小时候跳皮筋的那个年代，喜欢跳皮筋的男生也极其少见。到如今，这项游戏仍然还是女生会更加喜欢，小女孩们虽然失败了好几次，可是经过不断的尝试，她们慢慢开始适应了跳皮筋的节奏，协调性也逐步建立起来。由于跳皮筋需要两个人站在绳子末端将绳拉直，刚开始，孩子们不会跳，只想看别人跳绳，所以都抢着去拉绳，时间长了，越来越多的人不想再拉绳，想尝试、想参与到游戏中，这个"工具人"便成了大家都不愿意充当的角色，最后我们决定使用"绝招"——石头剪刀布，输的两个人需要去拉绳，跳错的人开始轮换，孩子们为了避免拉绳，都开始认真地跳起来，动作慢慢开始精确，错误的次数也降低了很多。偶尔我会去跳一段比较复杂的口诀，女孩子投来羡慕的眼光，要我教她们跳法，当时我们班还在学习民族民间舞蹈《跳皮筋》，舞蹈动作和口诀都可以直接运用到跳皮筋的游戏中，孩子们的兴趣更加浓厚了，每天晨间锻炼和户外活动时都能见到一群女孩子围着皮筋快乐地游戏，偶尔还会出现几句争吵，可没过多久又看到她们重新游戏，慢慢地我不再参与到她们的游戏中，只是偶尔去帮忙拍拍照。因为我们班跳皮筋开展得还算不错，园内还特别开展了一次观摩，其实孩子们已经不再需要我的指导。

除了跳皮筋以外，我们还将我们小时候玩过的民间体育游戏教给孩子们，例如五大步、斗鸡、城墙城墙几丈高、丢沙包、贴烧饼、揪尾巴、滚铁环、瞎子摸象……在晨间活动时，还特意邀请了家长们一起与孩子们回忆儿童的乐趣——老鹰捉小鸡，家长们比孩子们还兴奋，终于在幼儿园释放了一把，家长们说好久没有这么轻松地玩过，幼儿园的教师可以天天和孩子一起这样玩，真幸福啊！

　　2019年11月，唐园长带着工作室的教师们以及市区有着多年从教经验的体育教师们来到我们南水中心幼儿园开展送教下乡活动，在观摩我园开展的体育公开活动后，给予了我们莫大的支持和鼓励，同时也给我们提出了许多宝贵的建议。

　　体育游戏中的快乐是无穷无尽的，游戏过程是孩子们释放天性、释放童真的快乐时刻，看着他们在游戏中奔跑、在游戏中大笑，甚至在游戏中争吵，你会发现孩子们身心是愉悦的、是放松的，他们在游戏中锻炼和成长，收获的是自信和健康、勇敢和不怕累的坚强品质。

张十文

2019年11月1日

我 要 长 大

有人曾经说过，长大只是一瞬间的事情。这一瞬间就是当你意识到自己肩膀上的重量，成为一个能够肩负起这份重量的人之时，你就长大了。

曾经很长一段时间里，我是幼儿园里年龄最小的"小妹妹"，前辈姐姐们每次都陪着我一起设计课程，指导我的研究活动，帮助我扩展教育思路。每一次上公开课、教研课，都有姐姐们"顶着"。所以虽然我在幼儿园里面得到个人先进，参加了多个课题，发表了多篇论文并获奖，但我依旧觉得我就是"小妹妹"。

直到那天，我接到工作室去凉山送教的任务，当时愣了好一会儿……是不是发错了？是让我去支教吗？我凭什么去支教？我拿什么去支教？我不断地在问自己。我真的可以吗？我真的可以给凉山的老师和学生带去他们所需要的东西吗？在不安和忐忑中度过了一天天思考和磨课的日子。

一个月后，我终于踏上了去凉山的路。从珠海经过三个多小时的飞机到达了云南，然后再转汽车。汽车沿着弯弯曲曲的盘山公路，顺着湍急的河流逆行而上，窗外的景物也逐渐从高楼大厦变成了山川河流，偶尔出现一个村庄。车上的同伴因为旅途的劳累，大多都睡着了。虽然我也很疲惫，却因为紧张，脑子里面一直在反复想教案的事情，根本无法

好好地休息，最后我索性睁大眼睛看窗外的景色。

三个小时后，车子进入凉山彝族自治州喜德县，第一个跳入我眼底的是那一条条红彤彤的标语，"已入学的一个不能走""孩子是祖国的未来和希望""控辍保学　任重道远"……这些离生活已渐行渐远的标语突然闯入，深深地印在我的脑海里，至今依然令我清晰可忆。当时我心里在想，这个地方连入学都难以保证，那学前教育会是怎样的一个光景？

事情往往出乎意料，当我们一踏入镇上的这所幼儿园时，我大为惊讶，甚至把我对有关县镇上幼儿园所有的联想统统推翻。它并不像我们来时所看到的矮旧房子般，而是有着四层的建筑物、有着彩色斑斓的外墙，有着种满了各式的瓜果蔬菜的长廊、有着大型的综合体育器械和滑滑梯的宽广的操场，它的整体硬件措施甚至比我们城市里的幼儿园的设施还要好。你很难想象在一个刚刚脱离贫困线的地方，竟然有一所如此"高大上"的幼儿园。

后来听园长介绍才知道，为了让适龄的幼儿能够就近入读优质的幼儿园，是地方政府花了大力气筹集资金而建的，这所幼儿园也是这个镇上最美的标志性建筑之一，还有一个是小学。园长说，在刚开园的时候入园率低，教育部门和教师们，一个区一个区去进行宣讲和介绍。有入园不久的家长把幼儿园等同于小学低年级，要求教算数、教认字、教拼音。通过园长和教师不断地讲解，人们才慢慢地认识到幼儿园的教学方式，教学内容与小学是有所差别的。

了解了当地家长的观念，教师们的工作，这些信息更加深了我的担忧，之前这些孩子以及教师都没有接受过戏剧教育的认知和训练，他们能在短短的一节课之内了解什么是戏剧教育吗？

为了呈现一个更好的戏剧活动案例，我向园长提出跟孩子接触一下，玩一下游戏，了解孩子的基本状况，园长答应了。当我进到大二班

教室的时候，孩子第一句问我的话是："您是老师还是阿姨呀？"我说"你猜？"由此展开了一个难忘而愉快的美好时光。

这些孩子其实与我们的孩子并无不同，他们在戏剧活动当中全程投入，创意迸发。完全不像是第一次参加戏剧活动的孩子，他们有自然而不做作的肢体展现，用着不太熟悉的汉语积极表达着自己的想法。几轮游戏下来，我已经对他们的情况有了基本的掌握。我打算离开了，可是孩子们却一次又一次地说再玩一会儿吧，再玩一会儿吧。他们的笑脸，他们的笑声让我不忍就此离去。于是一次又一次地把游戏"升级"。直到最后他们准备离园了，我才依依不舍地与他们道别，承诺明天我还会再来和他们玩游戏。

曾经有一位同行的教师告诉我说："如果你想带着孩子完成你预想的活动，那么你会有很多条件限制你，因为你不了解孩子，不了解孩子已有的经验。但如果你把它只是当成一个游戏，跟着孩子走，顺势而为，或许孩子和你都会获得更好的体验。"在这次游戏当中，我有了不同的体验和新的感悟。这里的孩子其实与我们的孩子并无不同。他们只是没有玩过一种叫作"戏剧"的游戏。对于玩游戏，孩子们是天生的一把好手。只要你的游戏足够有吸引力，那么孩子一定能很快地学会这个游戏的玩法。如何把一个教学活动设计为一个好的游戏，这不就是我们教师需要做的工作吗？于是我又重新挑灯夜战，修改我的教案。有了这一次的游戏经验，对于明天的活动我开始有信心了。

第二天我依约而至，当我踏进大二班时，孩子们已经兴奋地和我挥手打招呼。在戏剧活动中，孩子们天马行空地去猜想不同的故事人物在想一些什么？多人合作，用肢体去表现故事情节。刚开始遇到问题的时候，他们不懂得怎么合作解决，只想着让别人听自己的。好几次我都想把他们集合在一起，讲解如何合作解决问题，好让活动顺利按照我的计划有一个完美的呈现，但是我的内心告诉我要相信孩子，要把自己投

入活动当中去。为了避免盯着他们一直看，让我"胡思乱想"，我决定到处溜达，看有没有哪一组能收留我，参与到其中，很快，我找到了组织，加入了他们。他们同样遇到了合作的问题。于是我和他们一起讨论解决的方案和合作的方法，我们一起逐个尝试他们想到的解决方案。最终他们选择了一个他们认为最合适的方法来解决问题。

　　这个过程当中我并没有把我自己当成老师，当成引导者，而是跟他们一样是组里的一员，我们大家一起来想办法，一起解决。我们组很快就完成了任务。完成任务的我们开始四处溜达，在溜达的过程中，孩子们不忘得意扬扬地四处"宣扬"我们刚才合作的各种方法。很快，其他组在得到我们"秘籍"后也陆陆续续地完成了任务。

　　活动结束后，纷纷有教师过来向我请教关于戏剧教育和戏剧活动相关的问题。其中有一名教师感慨地说道："从来没试过上课的时候和孩子坐下来一起玩，我们只是想着怎么样把知识教给孩子。"

　　如果没有这次凉山支教，我还会认为自己还是那个"小妹妹"。但

原来在时光的长河中我已经渐渐长大，我也能成为他人的微光，我也能给予他人启发，帮助他人成长。那一刹那我感受到我肩膀上的重量。但我也深深认识到现在的我，肩膀还是弱小的，所以我要更努力，让自己长大，长到足够优秀，足够强大，成为那个可以肩负起此重量的人。

陆远仪

2020年11月10日

格桑花儿开

格桑花寓意着追求幸福、顽强和坚韧。生活在城市的我一直很向往开满格桑花的地方，2020年11月9日随着"走进凉山　爱心送教"团队，带着对传说中贫困地区的好奇心和对送教活动的期待抵达了四川凉山喜德镇，一个处处开满格桑花的地方。

出于对我们这些来自经济特区支教人员的照顾，接待人员并没有将我们安排到大山深处的艰苦幼儿园，而是当地政府投资新修建的标杆园，光明镇中心幼儿园，不管硬件还是软件都是喜德县最好的幼儿园。站在幼儿园外环顾四周，仿佛被大山环绕，近看幼儿园四周到处是工地，已动工的地方，机器来回忙碌，未动工的地方暂时还是一片空旷的泥土地，一束束的格桑花肆意地盛开着，五颜六色甚是好看，再远一点是一排排新旧交替的建筑，有政府的办公大楼，有当地的居民住宅。这所幼儿园在当地可以算是很抢眼的了，整体建筑颜色绚丽，格外瞩目，园内教室宽敞明亮，操场开阔，园内一片片格桑花开得正好，一排排藤蔓攀爬在拱形的走廊顶上，上午的阳光洒在操场上，暖洋洋的，让人不舍得挪步，看惯了寸土寸金的城市中精致小巧的幼儿园，这里可算是用地豪华，处处体现出当地政府对幼教工作的重视。

刚到幼儿园，幼儿园里正在进行消防演练，与我们的演练不同的是，当地消防大队官兵们将消防车开到了幼儿园外的空地上，孩子们在教师的组织下，有序地站在一旁，观看着消防官兵的演示，真实的现场演练让孩子近距离看到消防官兵们的操作，赢得孩子们一阵阵欢呼，演示完，消防官兵手把手带孩子进行实操体验。感叹在这大山里，园长教师们对教育的用心，幼儿园的安全教育做得很扎实，陈凉红园长年轻、很有责任感，政府重视学前教育，大力扶持，社会、家长积极配合，创造条件，目前最迫切的是提高教资力量，期盼通过培训开阔教师眼界，更新教育理念，园长的介绍让第一次参与送教的我倍感压力。

在幼儿园参观了一圈，园内没有豪华的装修，色彩冲击感很强烈，到处是教师们精心制作的手工绘画作品，各种作品民族特色鲜明，手工精致。正逢该园在录制宣传片，不时有参与录制的孩子们穿戴着家长们用心准备的精致的民族服饰，在教师的带领下从教室里走出来，看见陌生人，纷纷打招呼，孩子们仰着单纯可爱的笑脸，有大胆一点的还主动问询："你们从哪里来呀？""来干什么呀？"在个别孩子的带动下，孩子们一下子呼啦啦把我们围住开始各种提问，而我们也被孩子们的热情感染，纷纷与孩子们攀谈起来。可能是幼教人对美的热爱，一套套服饰色彩搭配艳丽，做工精细，大家拉着孩子都好奇地不断询问，欣赏着各种珍贵的民族银饰，忍不住邀请这些穿着民族服饰的小可爱和我们一起合影留念，小女生自豪又略带羞涩的表情，小男孩豪放又自信的展示，都成了我们手机里珍贵的美好的画面。

　　当天上午，大家在园长的带领下参观和了解幼儿园的基本情况，并为幼儿园的发展提出建议。下午，珠海市教育研究中心冯军老师为教师们进行了"游戏价值与童年珍视"的讲座。冯老师用专业和风趣的讲解，将最前沿的儿童观带给当地的教师，让教师们从儿童的视角，重新审视教师的教育行为，在一个个鲜活、具体的案例分析中让教师获得了教育启迪。11月10日上午，我们进行了两节教学活动展示。珠海市光明幼儿园邓海蓉老师带来一节新奇有趣的综合健康活动"真有趣"；珠海市博爱幼儿园陆远仪老师带来了一节充满想象力的戏剧活动"你在做什么"，两位教师精心准备的教学活动，为喜德县光明镇幼儿园的教师们带来一场别开生面的教学示范。与其说是在进行教学活动，不如说是引导幼儿在探索游戏中学习，当地的教师通过这两个活动，感受到在游戏中应该推动幼儿不断创新、积极思考，让幼儿可以通过不同方式，如小组合作，一起商讨，共同完成任务等，使幼儿的自主、创意、思维在活

动中得到更好的体现，从幼儿活动的身影中，教师们看到了自信，看到了欣喜，看到了成功后的喜悦，让教师们进一步明白探索性游戏对孩子的重要意义，感受到不一样的教学魅力。

下午我通过"什么是班级管理？""管什么？""为什么管？"给教师们进行了"班级管理"讲座，引导教师们思考在教育教学中的管理行为，针对班级管理中容易出现的问题进行了分析，提出了管理建议。紧接着工作室主持人唐雪梅老师为当地的教师开展"图画故事书阅读"分享活动。教师们在热烈的交流互动中，感受了经典图画书的魅力，知晓了早期阅读对于孩子的重要性以及如何和孩子们进行图画书的阅读，引导教师和孩子们用阅读来丈量外面的世界。教师们一边认真地听一边仔细地做着记录。

正如窗外怒放的格桑花，这里的人努力追求着幸福、顽强和坚韧，感叹这些身处山区的教师对幼教的热爱和执着，她们孜孜不倦地吸收着来之不易的教育信息，努力提升自己的业务水平，倾心于幼教事业。相对于这些大山里的教师，我们生活在特区的教师们，享受着丰富的教育资源，可以最快速地接收到最新幼教资讯，有很多近距离向优秀教师、

教育专家学习的机会，有如此优秀资源的幼教人怎能不努力！"业精于勤"送教活动让我触动最深的是孩子们自然、淳朴、积极、自信的状态，是教师们充分利用休息时间孜孜不懈的学习精神。教育是源于爱的职业，没有热爱的教育是没有温度的也不会长久，愿源于热爱的幼教之花如格桑花的花语那样努力追求着幸福、顽强和坚韧，常开不败。

付爱华

2020年11月11日

第五篇

连线云端

云朵缱绻的午后，忍不住要与一缕阳光、一杯清茶、一本好书、一群好友邂逅……不必匆忙，云端的连线，让我们之间触手可及，尤其在2020年——疫情防控的特殊时光里，我们循着彼此间纵横交织的网，共同奏响了学习的乐章。

送上幸福的信使

　　"亲子阅读"是个对家长和老师来说，都并不陌生的话题。对于最近接到工作室开展网络培训，主讲"亲子阅读"这个任务，我真的觉得非常棘手！作为业余人士，即不能讲得很专业，也没有很有新意的做法，如果只是泛泛而谈，实在是没有什么意义。

　　但既然已经确定了，我只能尝试在一团乱麻中进行梳理。教师们对于"亲子阅读"更多的是处于指导者的角色，那么教师首先要对"亲子阅读"的相关内容有所了解；其次，对于家长在开展亲子阅读时的困惑或误区，如何给予指导？前者，是大部分教师都有所了解的，只需要略略带过；后者，则正好是我之前开展过问卷调查，根据家长的需求进行整理解答过的，可以分享和交流。

　　这一梳理，我的讲座交流终于可以确定具体的方向了。我绷紧的心也终于放松、踏实了下来。

　　关于"亲子阅读"，我们其实是围绕着三大问题来开展：为什么需要进行亲子阅读？亲子阅读要读什么书？亲子阅读要如何进行及老师要如何指导家长开展？

　　我分享了之前我做问卷调查的结果，家长对于"亲子阅读"的重要性是非常认可的，参与调查的135位家长，有80%以上的家长认为亲子阅读是"非常必要"，其余是"必要"的。在阅读书籍的选择上大部分的

家长在给孩子阅读时会优先选图画书，但有小部分的家长会优先选知识类书目或文字较多的童话故事书；大部分的家长对于如何选择适合自己孩子的书籍没有信心。在具体的困惑上，家长提出一些具体的问题：孩子喜欢重复阅读，怎么办？如何发现书中的细节？如何向孩子提问和回答孩子的问题？如何吸引孩子进行自主阅读？

关于第一个问题，为什么需要进行亲子阅读？也就是亲子阅读的重要性。其实大家都比较清楚，我只分享了其中家长容易忽略的一点，就是"亲子阅读"它其实是包含了"亲子"和"阅读"两块内容的。我们一般认为，"亲子"就意味着陪伴、关系，还有感情，"阅读"则意味着知识、能力和习惯。家长往往会更注重后者而忽略了前者。但实际上，现代的心理学和教育学都指出：在教育中要"关系"优先。在亲子阅读里，我们先要重视"亲子"方面，先在陪伴中建立起和谐、融洽的关系，然后才是"阅读"部分。

关于第二个问题，亲子阅读应该读什么书？大部分的家长对于如何选择适合自己孩子的书籍存在疑问，那么我们可以给家长一些分类的推荐。图画书的分类有很多种，我们推荐两种家长容易理解、操作的分类方法，一种是按语言和智力的发展分，因为不同年龄段的孩子有不同的

发展特点和成长需求；另一种是按主题内容分，同一年龄段的孩子也有不同的喜好和需求的偏向。例如，6岁的孩子能运用书面语言，有逻辑的具体思维能力，记忆力也极大提高，同时在社会化方面，6岁是一个面临同伴交往、自我概念与自尊发展阶段。所以，阅读的需求更多元，文学、艺术、科学、生命、哲学、自我保护等。（例如，《不要随便亲我》是自我保护方面的书，《失落的一角》是关于缺失和完美哲学的思考，《小威向前冲》解决孩子对"我从哪里来"的需求，是关于生命源头的思考，《书页上的男孩》是思考"我"存在的意义，《爷爷变成了幽灵》是关于孩子要如何应对身边亲人去世等。）

第三个问题是大家重点关注的，亲子阅读要如何进行及如何指导家长开展？这其实是一个较一致的问题，当老师了解家长开展亲子阅读的方法、知道家长的困惑，自然就可以对家长开展指导了。

在这里我分享了亲子阅读的三部曲、亲子阅读的一些方法，对于家长的一些具体问题，则请教师们一起来进行讨论和分享交流。在交流中，教师们的积极性都很高，想到了许多解答的方法。

关于家长深感困惑的问题之最："这本书，他都看了十几遍了，我都看得烦了，他还津津有味的！"教师们都知道，"重复"其实是孩子的一种学习方式。孩子对一本书能反复看很多遍，说明他是真的很喜欢这本书！那如何让孩子在重复阅读中能有新的收获？教师们提出了很多的建议：爸爸妈妈一起和孩子来当"找碴儿王"，发现书里面被遗漏的一些细节；还可以结合更多种的方法，如点读文字，特别是高频出现的字，让孩子来找找这个字在书中哪里还有出现过；还可以鼓励孩子来讲述故事，最初可以你一段我一段，再过渡到他独立讲完一个故事；还可以用表演、画画等方法来进行表现，或对书中孩子的兴趣点进行深入的了解、实践、拓展和延伸等。

关于如何发现书中的细节的问题。老师们认为可以用联系上下文

进行一个对比，也可以通过一些提问进行引导。这正好涉及了"如何向孩子提问"的问题，老师们觉得可以用举例子的方法，让家长有更直观的感知。我们现场拿了一本书《鸭子骑车记》，请教师分组派代表来进行演示。"在封面的图画上，你看到了什么？看到了一只白色的鸭子，他骑在一辆红色的自行车上。在环衬上面你看到了什么？有一些彩条。哟，你有没有觉得有一些眼熟呢？它刚才在哪里出现过……"教师们的提问非常有引导性。

关于如何向孩子提问和回答孩子的问题。老师们还补充，我们的提问是为了引发孩子的思考，当孩子不愿意回答你的问题的时候，我们可以用抛砖引玉的方法先讲自己的想法，然后再来问问孩子的看法。例如，可以这样问："你看到了什么？这是什么动物？你觉得他在做什么呢？你猜猜他接下来会怎么做？我觉得是这样的，你觉得呢？"等等。对于孩子的问题，如果是对看法类的问题，我们可以直接进行表达；如果是书中已有答案的问题，我们可以在回答里面设置选项，引导孩子去观察，共同去寻找答案。比如说刚才，我们看的逃家小兔里面，如果孩子观察不到小兔子在哪里，那么我们可以给他选择一下："你猜它是在花里还是在草丛里呢？我们来找一找。"对于那些需要另外去了解的问题，我们可以把它先放一放，然后再共同去寻找答案。

我分享了一个个人的体会：当孩子提问时，我们需要适当地示弱。不要马上回答孩子所有的问题，不要让孩子觉得你就是一本《十万个为什么》的书，因为轻易、直接得到的答案，孩子很容易就会忘记，而你和他一起共同去寻找得到的答案，孩子不仅印象深刻而且会从中学到获得知识的更多途径。

经过交流与讨论，教师们对于如何对家长开展亲子阅读的指导，有

了更具体的策略，也更有信心了。

　　"阅读，播下一颗幸福的种子"，被誉为"图画书之父"的松居直先生如是说。如果说，在亲子阅读中，家长才是播种的人，那么就让我们成为送上幸福种子的信使吧！

曹卡娜

2019年1月1日

说出活动的"隐思"

说课，这两年成了幼儿教师的一个学习和探讨热点。我第一次接触说课，是在珠海市幼儿园教师工作室主持人评选时。那是2016年的秋天，接到主持人评选面试的通知，当时心情有些激动但更多的是忐忑和紧张，因为面试内容之一是要求我们准备一项说课，时间不超过12分钟。往常都是直接开展现场观摩活动，随后进行一些反思和讨论，还从没真正地"说"过一次课呢，这可如何是好呢……

说课是什么？我的第一反应，是要把活动教案说一遍吗？还好，给了我们一份《说课评价指标》，一共分成五大评价项目，包括：说目标准备、说教法学法、说活动过程、说效果反思以及综合表现。经过研读这份评价指标，我认为其中最核心的部分是：能够说出隐藏在活动里面的活动过程设计的科学性和理论依据。从这个核心出发，也就是不仅要

说出我们的活动是怎样的，更要说出为什么要这样，说出活动设计的背后的思考、深刻的意蕴才是说课的关键。

那么选择说哪节课呢？刚好在2016年6月，我组织了一个大班幼儿散文诗欣赏活动"榕树和棕榈树"，活动结合了我们园所周边的资源，散文诗也是一种幼儿园里不常见的文学体裁，活动中孩子们表现积极，活动同时得到了同行和专家的指点，我对活动有了更深入的认识和思考，于是决定以这个活动为内容准备说课。其实，说课的第一步，就是选择一个要说的活动，这个活动的内容和选材应该富有教育意义，如果可以给人耳目一新的感觉那就更好了。

我首先从这个选材的来源说起，无论开展什么活动，最根本的缘起就是幼儿发展的情况和需要。我们这个大班的孩子，求知欲、探索性、观察力都较强，在主题系列活动"拜访大树"的开展下，他们已经积累了不少关于树的经验和知识。园所内有一棵大大的榕树，园所门口有一片棕榈林，他们对大树的生长充满了好奇，他们会在户外活动时主动地去分辨各种树的特征、会在绘画的时候记录下自己的所见并加以创造、会在聊天时交流自己获得的关于大树的信息。并且，大班是幼儿逐步掌握口头语言并向书面语言过渡的时期。大班幼儿的语言发展也达到了相对较高的水平：在日常口语中基本能够简单清楚地描述一样事物；在之前的语言学习中也接触了不少合辙押韵的儿歌或童谣。在幼儿经验能力发展的基础上，本次活动选择的活动素材为"科学儿童诗两首《长胡须的榕树》和《千手棕榈树》"。科学儿童诗这种儿童文学体裁具有独特性，与幼儿经常接触的儿歌相比，儿童诗的内容要深一些，篇幅略长，对韵律的要求宽松一些；其中的语言生动凝练，是幼儿在日常口语交流中不常使用的语言组织形式；诗的明快节奏营造了轻松愉快、活泼开朗的基调，从而激发幼儿对汉语言文学的喜爱和创造性地加以运用的热情；诗中有纯真的情感表达和优美的想象意境，能让幼儿获得美的享受

和满足。在儿童诗学习过程中还会介绍关于树木的知识，扩充幼儿关于树木的知识经验，增加幼儿探究现象背后隐藏的科学奥秘的兴趣。希望这两首描写树木的诗歌能在幼儿的心中埋下种子，启发幼儿去观察和探究更多种类的大树、花草，再推展到各种动植物，并尝试用优美的语言来描述自己的发现。

　　在说清楚了活动主题和素材选定之后，就需要说明白活动目标的设置，活动的目标是整个活动设计的逻辑起点。目标的设置可不能拍拍脑袋，凭空创编，这个环节是最考验教师教育理论功底的。我们都熟知"最近发展区"的原理，可这最近的发展区到底在哪儿，可不是那么容易找到的。教师的心中要有一张儿童发展的地图，或者起码要知道从哪儿找到或者拼凑起这张发展地图，地图以儿童心理学、教育学、教育心理学等基础理论为蓝本。这项活动，主要是一个发展语言领域能力的活动，那么孩子们在语言领域的关键经验如何获得和发展，就成了我最想要了解的问题。经过研读相关理论书籍，了解到语言领域的关键经验，可以分为三个方面：早期口头语言、早期书面语言、早期文学语言。根据对幼儿发展现状和需要的分析，制定了三个具体目标：第一，早期口头语言方面，叙事性讲述核心经验：能根据榕树和棕榈树这两种树木的突出特征找出对应的形容词语、尝试用完整的话语描述这两种树。第二，早期文学语言方面，阅读核心经验：了解书本目录的作用，学习通过目录查找所需内容。第三，早期文学经验方面，文学形式学习核心经验：接触科学儿童诗这一文学体裁，听赏诵读诗歌，感受诗歌韵律感，以及诗歌的形式美、语言美和意境美。并且，第三个目标也是本活动的重点目标。

　　活动目标之后，从经验准备和物质准备两个方面简要介绍一下，继而就进入教育活动过程的说明，这也是整个说课最主要的部分，需要安

排大约70%的时间进行讲述，在这一过程中穿插讲述环节设计怎样对应活动目标的实现，教法、学法的选择与使用，效果的反思与各环节的改进。可以先整体展示活动设计的主要环节、各环节在开展时候时间的分配、主要的内容、环节的主要目的，以及其与活动目标实现的对应关系。

以其中实现重点目标的第四环节为例，说课时需要说明的部分包含：承启过渡的提问、主要的步骤、环节的目标、教学法及效果分析。下文展示的是说课的文字底稿，说课文稿要尽量详尽完备，但在现场说的时候，由于时间有限，不能一字一句地照本宣科，要突出重点，凝练观点，表达生动。比如，这一环节的承启提问为："老师这里有一本书，里面有两首诗分别描写了这两种树，小朋友们想听一听、读一读吗？"主要步骤有：介绍绘本概况，以及引导幼儿通过目录来查找文章，并欣赏诗歌；采用的学习方式有：演示法、操作法、听赏法、诵读法、情境表演法；随后进行效果分析：幼儿的情感得到了充分地感染。幼儿对诗歌的美有了比较充分的感知，诵读诗歌的时候也声情并茂，并且在学习诗歌之后都非常想去榕树下荡荡秋千，都想去和棕榈树大大的叶片握握手。

我的说课文稿共计七千三百余字，说课PPT为17页，在自己园所中进行了两次试讲，同伴们给我提出了一些详略处理和语气语态的好的建议。通过前期精心的准备，现场说课在规定时间内完成，并以面试第一名的成绩当选为第二批珠海市幼儿园教师工作室主持人。

记得面试那天，我为了配合说课的主题"树"，穿着一件白色蕾丝短袖、一条白底印有翠绿松针的半身裙，戴着一条碧玉翡翠小葫芦项链，虽然心里紧张，但还是大方地微笑着说着自己深有体会的这项活动。原本那天下着雨，下午回来的路上，当车开上湖心路口的立交桥

时，天空开始放晴，明晃晃的阳光从淡墨色软绵绵的云层中透射出来，仿佛照亮了我的整颗心，我就隐约预感到这回我的表现应该不错。真所谓"台上一分钟，台下十年功"，每份香甜果实的收获，都离不开我们日积月累的努力！

崔丽娟

2019年1月20日

一节公开课的感悟

每个民族都有着自己独特的文化，陶艺就是我们中国传统文化之一。陶艺是一门综合的艺术，孩子通过对陶土的长期反复的欣赏—操作—再欣赏—再操作过程，可以培养艺术素质，提高艺术欣赏能力。

陶艺作为我们幼儿园的特色美术教学活动，深受孩子们的喜爱。在玩陶泥的过程中，孩子们享受着快乐，通过抓、捏、搓等，创造出他们满意的作品，从而获得成功感。在孩子们制作陶艺的创造过程中，我感受到他们的童真童趣，乐在其中。

作为美术创意组的成员，我们通过几年对幼儿美术的研究与实践，也积攒了一些宝贵的经验，希望通过美术教育来陶冶孩子的艺术情操，发挥孩子的艺术创造能力，提高孩子的艺术审美能力。

2019年4月，这个美丽的春天，我们幼儿园第六届以"播"为主题的幼儿园美术展如期而至，幼儿园的每一位小朋友的作品都在美术展上展览。因为前几届画展举办得比较成功，而且在社会上也得到了一致的好评，所以这一次的美术展除了邀请阳江市教育局的领导，还邀请了美术教学的骨干教师等来园参观，场面很是热闹。

幼儿陶艺美术教学活动作为公开课对全市展示，我们大家都很期待。我们的幼儿园美术组长许主任为了这一次的公开课认真地在准备

着，但在画展的前一天，由于太过于操劳，许主任感冒引起了咳嗽，导致喉咙水肿，发声困难，这下可怎么办？明天就要上公开课了，这时，园长找到了我，决定让我来上这一节课。

我接到这一个任务时，当然是比较惊讶，但我还是答应了，因为我觉得，这是园领导对我的信任，为了幼儿园，我一定尽力做好。

由于时间紧迫，我看了许主任教案中的思路与流程，比较清晰，再加上我的一些想法，我稍作调整，就开始着手准备布置教学场地与所需的材料。因为我心里没底，下午的时候，我邀请了大一班的小朋友进行试教。园长与教研组长也来观摩听课。在上课的时候，我尽量地去调动孩子们的积极性，在课堂提问与衔接中努力做到过渡自然，但我还是觉得过于生硬与紧张，我自己觉得这一节课是失败的。此时我的内心很慌：怎么办？如果明天上午的公开课也是这种效果，那将会对我们幼儿园造成很不好的影响！我开始后悔接下这个任务，现在，时间上已经不允许再找另一位教师来准备了，我陷入深深的自责中。这时，冯园长走到我的身边对我就："杨老师，表现不错，你在这种情况下能把这一节课上得这么自然，已经很了不起了！明天好好表现，就当作和小朋友一起玩，不要有太大的压力，这样就很好，加油！"冯园长说完拍了拍我的肩膀："相信你自己，你能行的！"我很感激冯园长对我的鼓励，我的信心又回来了一点。我笑着点了点头，我知道，在这个时候，只有尽自己的全力去拼一拼了！我向听课的教研组长请教，请她指出我在哪些地方需要注意，她耐心地指导我在细节上需要加以修正的地方，具体到一句话，一个动作，这让我的心明朗起来，我的信心又增加了一些。

晚上回到家，我在家里试讲了几遍，把教学的流程、过渡的语言，还有设想会有可能发生的教学情况，应该如何应答都思考过了。我的心总算是放了下来，调整好心态迎接第二天的全市公开课。

第二天上午，我带着大四班的小朋友有序地走进多功能媒体室，场

内灯光明亮，四周坐满了领导及专家，我感觉有些紧张。摄影机对着我和孩子们，我在做心理建设：我是和孩子们一起来玩的！我们的游戏马上就要开始了！

　　"小朋友们，今天杨老师带来了一个好玩的游戏，你们想不想玩呢？""想！"孩子们欢呼雀跃，现场的课堂气氛很好，孩子们的热情让我很快地进入了角色，此时此刻，在我的眼里和心里只有孩子们，周围的听课者已被我忽略，我只专心到课堂中。

　　在活动中，我通过游戏闯关的设计吸引孩子，并层层深入，抓住孩子的兴趣点，让孩子不断地去探究，自主地去学习。在课堂中，我让孩子自主地选择自己喜爱的瓶子，以及让孩子设计自己喜爱的瓶子造型。由于在前期，大班的孩子们已经有了学习经验的铺垫，在基础上，本节课再进行拓展，课堂效果还是不错的。我在教学中使用了微课教学，让孩子们学习并掌握泥球、泥饼、泥条的技法。孩子们玩得很开心。

　　"玩泥"是孩子的天性，是最自然不过的事，所以孩子们在课堂中通过自由探索泥巴，在游戏中感受陶泥带来的乐趣，并能轻松地掌握搓泥球、搓泥条的方法，通过简单的活动，孩子们的创造性思维得以启

发，动手能力得以调动。

　　"杨老师，我不会搓！"有一个孩子对我说，我走到他的身边，蹲下来，问："宝贝，你在哪里遇到困难了呀？"小男孩指了指小泥条，由于搓的时候不会掌握力度，致使小泥条大小不一而断裂开了，我双手放在小男孩的双手上，一边说一边手把手地教他，对他说："宝贝呀，我们不要太心急，用力要均匀，这样搓出来的小泥条才会大小一样，不会断裂开哦，你自己再试一次，好吗？"小男孩点了点头，很认真地再搓了一条小泥条，虽然大小不一，但不会断裂，小男孩开心地笑了，我鼓励他："做得很好！"

　　课堂中，我注意运用知识性、教育性、实践性、可操作性的原则，用鼓励的话语与肢体的语言激励孩子不断地去尝试，强化学生动手能力，让每一名孩子都能感受到成功的喜悦。

　　除此之外，在教学中我还注意到了与孩子们的情感交流，让课堂放松地进行，师生关系融洽，尊重每一名孩子的发展水平，适当地给予鼓励及启发，在教学过程中体现情感态度价值观。

　　很快，孩子们的作品已经完成了，真是太厉害了！孩子们的每一个作品都充满着灵气，形象生动有趣。我请孩子们围在我的身边，把作品拿在展示台上请大家观赏，请孩子们对作品进行自我评价和互相评价。在作品评价中，孩子们畅所欲言，勇于表现自我，有较强的语言表达能力和审美评价能力。

　　在这一节陶艺课中，孩子们是享受的、快乐的。

　　每天面对的是有着生命活力的孩子，孩子们是充满着无限的可能的。在课堂中，我深深感受到让孩子学中玩、玩中学的意义。孩子们主动探索陶泥的制作方法，"授之以渔"，我帮助孩子完善他们的创意，让他们把心中的想法用泥土表现出来。最后孩子们看到了自己用心制作的作品都欣喜不已，还自豪地跟伙伴分享自己的得意之作，我觉得这是

整个陶艺活动的意义所在。

　　这节陶艺美术公开课得到了在场专家、教师的一致好评，他们充分地肯定了课堂，给予了高度的评价。我与孩子们开心地上完了一节陶艺课，孩子们开心兴奋的表情、出色的作品，是我最大的收获。我也顺利完成了园领导交给我的任务，对此，我很欣慰。

　　通过这一节美术公开课，我深刻地认识到：团队的力量是做好一件事的基石。我们是一个共同体，只有相互信任，凝心聚力，才能取得成功！

　　　　　　　　　　　　　　　　　　　　杨月珠

　　　　　　　　　　　　　　　　　　　　2019年4月18日

与孩子一起探索音乐的美好

音乐是一种艺术形象。音乐探究活动，可以增强幼儿的记忆力、想象力、创造力，提高幼儿的听觉辨别能力和敏感性。因为新冠疫情的缘故，我们工作室采取了在线上开展研修，我有幸与大家分享一些关于幼儿歌唱活动及音乐欣赏活动探究的心得。我始终认为，用美好的音乐来伴随自己一生，是无比幸福的事。

我们在孩子幼儿时期，给他们的成长、学习和生活中融入一定的音乐启蒙教育，对稳定幼儿情绪，身心愉悦，开发幼儿多元智能，使其健康和谐地成长意义重大。经调查，在幼儿园的音乐活动中，教师们觉得音乐欣赏开展起来是有难度的。然而，往往我们觉得最简单的却忽略了它的重要性，也会忽视不同年龄段幼儿的需要。就拿选择歌曲而言，小、中、大班的孩子有不同的生理特点，我们要考虑歌曲的风格、旋律、音域等方面的要素。

比如小班，选曲时首先考虑的是歌曲演唱的音域，3～4岁的孩子一般能唱中央C的Do~La，这个音域符合小班孩子声带短小的特点，如果音域过高会让声带硬性拉扯，会伤害声带的发育。因此，教师们在选曲时自己先要看歌谱中最高的音是哪个，尽量避免音域过高。在小班中，有很多歌曲都是音域适中的，比如《小星星》《两只老虎》《大苹果》《玛丽有只小羔羊》等。另外，我们还要考虑歌曲的风格，短小、速度

适中、朗朗上口的比较适合小班的孩子。中大班的孩子，此时声带已经逐步发育，音域大部分能唱到中央C上行的一组八度，个别孩子能唱到Re。

孩子们在参加歌唱活动时，除了激发他们主动唱以外，更重要的是用聆听和融入游戏化的活动吸引他们，让孩子们在一个个有趣生动、充满情景性的氛围里边聆听边沉浸在歌唱游戏中。其实，一首歌是否学会唱并不是最重要的，如果用平淡、灌输式的方法教孩子学会唱并记住歌词，对他来说只是表面粗浅的认知记忆，对他们而言，更重要的是感受！音乐是一种抽象艺术，可以给人们带来各种想象，在一首音乐里你或许听到了森林的小动物在狂欢，而我却听到了巨人在城堡里和小矮人捉迷藏。不同的感受与聆听者的经历、当下的心情、对音乐理解的积累和自身的想象力有着密切的联系。因此，不管是哪个年龄段的孩子，选择题材一定要符合他们的身心发展特点，避免过于成人化。

孩子的艺术审美需要熏陶。由于网络的普及和大数据科技的先进，当下接触流行歌曲机会很多，流行歌曲中不乏一些优秀的作品，在旋律的编写、配器的编辑上，都具有艺术性。而有些流行歌曲除了旋律编写缺乏专业性，在歌词的创作上也出现很多弊病。比如上句与下句牛唇不对马嘴、词句颠倒等等，在歌曲的配器上更是不敢恭维。电子音乐合成的音效，因为音色不够饱满真实，它并不是一种美的感受，反而让孩子们对好音乐难以辨别，长期聆听还会让人感到浮躁。因此，给孩子们选择歌曲作品时需要非常注重歌曲本身的美感，长期对美的音乐的熏陶会增加孩子们身心的愉悦感，情绪会比较稳定。

这次网络研修，我与教师们交流，普遍反映音乐活动比较难把握和开展的是音乐欣赏，不知道应该欣赏什么，怎么欣赏。这就回到刚才说到的音乐熏陶当中，聆听是音乐理解和感受的基础，无论任何音

乐活动，聆听始终围绕着整个活动。研究表明，幼儿对一首音乐的熟悉最少需要经过5次以上的聆听才能形成基本的印象。而每一次的聆听，需要教师采用想象、操作、游戏、合作等形式帮助幼儿加深对音乐的感受。比如，在欣赏《七色进阶》音乐时，我让孩子们先听音乐，请他们边听边想象音乐里发生了什么事情，并尝试找找音乐里的规律。在孩子们充分表达了自己的想法后，我选择了他们其中一个的想法，尝试用开火车为主题听音乐，画音乐，根据音乐里的旋律走向提出具体的聆听要求，把火车跑动和鸣汽笛的声音用横向的画圈和纵向的曲线画出来。通过聆听加表征的形式，帮助孩子们把音乐的抽象概念转移到具象，他们会在自己的音乐画中直观地发现音乐旋律的规律，同时教师也能从孩子们的作品直接了解他们聆听的情况，对音乐的理解。我们还可以用这个音乐题材，玩起好玩的报纸游戏。撕报纸、揉报纸、抛纸团、传纸团、滚纸团……各种主题的玩法可以帮助孩子们在游戏中边聆听边游戏，玩中学的观念发挥得淋漓尽致。因此，音乐欣赏活动的开展并非想象中那么困难，前提是教师在音乐题材的选择、对音乐作品的预先了解、欣赏活动开展的形式等方面做好准备。聆听只是欣赏的一种形式，在幼儿园里更应该用多种的形式激发幼儿参与活动的欲望，在聆听中游戏、在聆听中表征、在聆听中合作、在聆听中创作、在聆听中发现。让孩子们排排坐着枯燥地反复聆听是音乐欣赏活动的大忌，我们只有遵循孩子学习的特点才能让音乐活动"活"起来。另外，我认为幼儿园音乐活动的开展，各种活动的形式并不是独立的。现在提倡通过综合的形式帮助孩子们感知，提升学习经验，因此我们更需要挖掘和运用多种形式和手段帮助孩子们感受音乐的美好。

　　音乐的美是极为丰富多彩的，于外部而言，主要表现为音乐作品的体裁与形式；而其内在的本质，则更多地表现为音乐的内在性格与情感态度。音乐可以通过声音来抒发人的内心感受，特别是情感态度，因此音乐的美的范畴与人的精神品格和情感态度密切相关。因此，我们要给孩子在音乐上美的感受和熏陶，应当自己先挖掘音乐的美。在选择各种类型的音乐作品中，优美、壮美、崇高美、欢乐美、喜剧美等都能体现各种作品的特征风格。温柔、平和、纯净、细腻；旋律舒展流畅，节奏平稳有序；速度和力度适中均衡的结构等，这些都是优美的基本表现特征。值得一提的是，诗意的美是优美的音乐所追求的最高境界。如：贝多芬的《月光奏鸣曲》贺绿汀的钢琴曲《牧童短笛》等都属优美的范畴。与优美相对应的音乐美是壮美，或者称为雄壮美。以刚劲、果敢、勇猛、粗犷为特征。如：进行曲与军歌都是壮美的典型表现；著名的《马赛曲》和《义勇军进行曲》等都属于壮美范畴。音乐的崇高美总是和赞美、歌颂、崇拜、敬仰、爱慕等精神内涵密切相关，并且和祖国、英雄、正义、信念等不平凡的对象相联系。表现的方式是多种多样的。

如：规模宏大、气势雄伟、格调高昂的颂歌，贝多芬的《欢乐颂》、刘炽的《祖国颂》等都出色地表现出音乐的崇高美。音乐的欢乐美是通过欢乐流畅的旋律、活泼跌宕的节奏、明亮的调性、轻盈的和声、速度等手法来加以表现。欢乐美的音乐还往往与舞蹈相结合，使舞曲成为表现欢乐美的重要体裁；值得一提的是纯音乐中的喜剧美，主要表现为幽默、谐谑等。纯音乐中的幽默与一般喜剧美的不同之处在于它基本属于正面肯定的范畴。音乐中的喜剧美通常采用超常、夸张、变形的表现手法，使人生出意想不到的惊讶来达到喜剧的效果。还有拟人化的手法是音乐喜剧美的重要表现形式之一。许多童话式的戏剧音乐、舞蹈音乐与器乐作品中，作者有意赋予动物以人的性格，表现出一种特别的喜剧效果。如：普罗科菲耶夫的童话音乐剧《彼得与狼》出色地运用了不同的乐器音色，形象性的音调节奏，把拟人化的动物形象描写得生动逼真、惟妙惟肖。这些作品都非常适合孩子们去欣赏，在聆听和丰富的活动形式中感受音乐的美好。

　　本次的研修交流不但让大家畅所欲言，更多的是分享彼此的经验和想法，在我们今后音乐活动的开展中注入新鲜的素材和理念，让老师和孩子们一起感受音乐的美好！

梁凯雯

2019年12月18日

班级管理的那些事……

迄今为止，我已经有18年的幼教工作经验，其中有13年一线教学工作经验，还有5年的行政管理工作经验。不论在哪个岗位，我都特别关注班级常规管理这件事儿。记得刚参加工作那会儿，设计一个教学活动对于我来说还算顺手，可是如何成功地组织一日活动却令我犯难，孩子们的很多突发状况常常让我头痛不已。比如，美术活动时抢画笔、倒洒颜料，区域活动因争抢玩具打了起来，进餐时饭撒满地……在《0-8岁儿童纪律教育》这本书里面提到，很多从事幼儿园工作的教师们离职的原因，不一定是因为工资待遇不高，或是社会地位不高，而是孩子们的种种挑战性行为造成了教师在班级常规管理中的困扰，长期焦虑，导致最终离职。

班级管理是我们作为教师的专业工作，也是教师的专业体验，在真实的工作情境中，我们会遇到各种两难的问题，不仅跟专业水平有关，还与价值判断密切相关。通过多年的摸爬滚打，我在班级管理中总结出了一些小心得分享给大家，希望我们一起交流一起碰撞，努力提升技能和增强信心，成为有效且高效的教师，把班级变成一个奇妙的场所，让孩子和我们都能在这里学习和成长。

首先，让孩子喜欢"我"。人与人之间的互动，关系很重要，当孩子对一位教师有好感，真正喜欢这位教师时，他的配合度相对来说会更

高。如何让孩子喜欢上自己呢？这就需要教师们去展现自己的十八般武艺，用魅力去吸引孩子。比如，有的教师会变魔术，有的教师是折纸高手，有的教师会弹吉他，有的教师会玩魔方，有的教师擅长讲笑话……教师在与孩子互动时，尽可能地用这些擅长的技能带着孩子们一起玩，这些都有可能吸引孩子喜欢我们，会让我们的关系更加紧密。

其次，拥有积极正向的转念观念。在班级里很多孩子常常会出现一些挑战性的行为，比如，爱插话、无缘无故地大发脾气、吐口水、打人、砸东西等。当这些挑战性的行为出现在班级里的时候，作为教师该如何去看待孩子的这些行为？当每个孩子进入班级时，我们都期待帮助孩子们获得很多优秀的品质，比如，坚强、勇敢、善良、善于表达、充满正义感等。我们试着把成人期待孩子们拥有的那些优秀品质，当成班级管理的"GPS"，通过积极正向的转念来看待孩子的行为。比如，一个爱插话的孩子，他可能是拥有善于表达的品质；一个爱哭闹的孩子，他可能很会表达自己的情绪……"捣蛋鬼"也可以转化为"好孩子"。

接下来我们要做到和善而坚定。无论是管理班级，还是教育自己的孩子，和善而坚定这一点我做得不太好。有时候会过于和善，有时候又会过于坚定。刚参加工作时，为了"讨好"孩子们和快速地与他们成为朋友，我特别和善。"小明，已经到了收玩具时间了，你再玩一下下就收了好不好？""小明，老师知道你最能干了，你快收拾玩具好不好？"……在与孩子相处的过程中，孩子们很喜欢我这个和善的教师，但几天过去，就会看到很多孩子根本就不听指令，总感觉在"欺负"我，因为过于和善让孩子们找不到边界在哪里。

当发现太和善没有办法管住孩子们时，我就开始严格要求他们。"你要是不遵守约定把玩具收好，以后都不许玩！""赶紧收玩具，马上，我说的你都不听是吧。"……这些带着我成长印记的话语常常脱口而出，班级孩子也确实变"乖"了、"听话了"，可是过于坚定就少了

一份人情味，我和孩子之间显然就缺少亲切而自然的互动。

我们不是要赢了孩子，而是要赢得孩子。太和善与太坚定都会让我和孩子们在互动过程中感到难受，于是我开始练习做一名和善而坚定的教师，慢慢地发现，这种互动模式会让我们都很舒服，能让对方既感受到界限，又感受到亲切与尊重。从以下几个方面去努力，可以帮助我们成长为一个和善而坚定的教师。第一，认可感受。比如：小明，我知道你真的很想多玩一会儿，可是我们约定的时间到了。第二，有限的选择。比如：小明，现在是收玩具时间，是你先收小汽车还是先收积木？第三，鼓励句式。比如：小明，老师看到你很快地把积木摆好了，真是了不起，这就是自律、自觉。第四，启发式提问代替命令式交流。比如：小明，还记得我们关于收玩具的约定是什么吗？第五，专注解决问题。比如：小明，老师看到每到收玩具的时候，你都不太想收，今天我们两个来聊聊这件事情，一起来想想办法。

还要学会制定有效的班级公约。有效的班级公约是帮助我们做到和善而坚定的一个很好的抓手。对比与小学生、初中生制定班级公约来说，与幼儿园的孩子制定班级公约相对较难。由于孩子年龄特点所限，他们处于自我中心阶段，很难从别人的角度去看待问题，所以当班级公约来自孩子的想法时，他们能理解其中的意思，并有深深的被尊重感。如何帮助每一个孩子去理解每一条约定是什么意思？该如何去遵守？为什么要遵守？这需要老师动用智慧、非常有趣的组织的形式、生动形象的话语来引导幼儿。制定班级公约还要特别注意：仪式感强；维护集体利益；简单易操作；符合年龄特点；跟进落实；不断强化；适时调整；专注解决问题。

学习自我管理也是很重要的。联合国教科文组织在《学会生存》一书中写道："未来的学校必须把教育的对象变成自己教育自己的主人；受教育的人必须成为教育他自己的人；别人的教育必须成为这个人自己

的教育。"老师管理班级最终的目的是帮助孩子学会自我管理。一个孩子如果能够很好地做到自我管理，将会影响其一生。在幼儿园，要求孩子们做到自我管理是很难的，也不符合其年龄特点，但是教师应让他们在力所能及的范围之内，通过生活、游戏、与人交往等，在语言方面、情感方面、态度方面、行为能力方面等，培养孩子的自我约束、自我控制能力。比如，从进园开始孩子们就要学习穿脱鞋、叠衣服、上厕所、吃饭、擦桌子、扫地、浇花等。同时在我们的一日生活中老师要和孩子分享控制权，让孩子清楚地知道在园生活的每一个流程，以及如何做选择，如何为自己的选择负责。

　　最后，要知道如何对待不同气质的孩子。世上没有同样的一片叶子，我们班级的孩子也是各有特点。因此老师要对班级每一个孩子的性格特点都了如指掌，并学会如何去与不同气质的孩子相处，做到真正的因材施教，才是有效的班级管理。与胆汁质的孩子互动，和他们说话就要平和、冷静，不要高声叫喊，以便克服孩子不安静和急躁的特点。与黏液质孩子的互动，要保持轻松、活泼、幽默的气氛，对他要特别亲切、关心，更重要的是要多鼓励，更耐心地进行教育，当指出他们的缺点和错误时，应该给予更多的思考时间，防止他们固执己见。与多血质

的孩子互动，多给他们布置些任务，用较高的标准要求他们，并且让他们多做一些富有耐性的工作，多做培养和训练注意力的游戏，并逐渐延长时间，使他们更为踏实。与抑郁质的孩子互动，要给他一个轻松、快乐、温馨的家庭氛围。对待他的态度要特别亲切、温和、耐心，给予更多的关怀和照顾，不要在公开场合批评他们。

我们的班级管理，不只是常规的生活、学习管理，更重要的是对孩子全方面的教育管理。当我们转变观念，掌握好相应的师幼互动技能，并在实践中持之以恒地加以练习，就会发现班级管理中的问题越来越少。当一切变得越来越好时，你将会发现，幼儿教师的工作是最有趣、最有价值、最重要的工作。阿德勒说："你的信念影响你的想法和感受，你的想法和感受影响你的决定，你的决定支配你的行动，而你做的什么将直接影响孩子。"和孩子们一起成长，这也是一位教师的小幸福。

胡亚敏

2020年2月14日

我的挚友——"奥尔夫"

一场突如其来的新冠肺炎疫情，2020年春季延迟了开学时间，我们有了一个超级漫长的假期。但是"停课不停思，停工不停研"，梅华幼儿园的教师们宅在家也没有停止学习的脚步。2020年4月21日开始，我园奥尔夫音乐教研组的教师们开展了"奥尔夫音乐"培训。教研组中有的是经过专业培训的初级、中级教师，也有第一次接触的"新"教师。奥尔夫音乐教育的重要作用不仅仅是让孩子掌握一些音乐技能，更重要的是通过音乐活动让孩子获得身体、智力、情感、个性、社会性的全面和谐的发展。奥尔夫一直给我带来最多的是"快乐"，音乐也是用"快乐"感染我们，让我明白教师应该用快乐去感染孩子们。在这次培训中，我们通过参与丰富多彩的音乐律动，对奥尔夫音乐教学有了直观的感受与体验，在潜移默化中感受到了奥尔夫音乐的真正魅力所在。

记得我参加初级培训时，潘俞安老师将她的语言、肢体动作等全都融入课堂。当时，我的感觉是"音乐课可以这样上的吗？"新手上路的我，每次音乐活动都模仿着潘老师的示范课进行，但我还会加入有意思的节奏练习，从格子游戏到创编节奏、分组进行卡农游戏，让每个组保持自己的节奏，不受别的组影响。慢慢地，我再加入一种特殊的乐器——身体，它也是一种乐器，拍打不同的部位可以发出不同的音色，而且音量上也可以有大小。即使没有乐器一样可以进行音乐活动、乐器演奏。同时对老师的要求也是有一定的挑战性，稳和准是必要前提。当老师和孩子有了一定的默契后，就可以一起带入互动练习，通过语言的节奏练习、分声部朗诵到乐器演奏、乐器分声部演奏，由易到难，逐层递进，这些练习都深受孩子的喜爱，孩子从中也得到成就感。

通过近十年的与奥尔夫音乐教学法的接触、学习和教学实践，我感觉到做奥尔夫音乐教育不应只是局限于某个专门安排的课时活动，在我们的日常生活中，音乐无处不在，我们的音乐教学更应该灵活地、自然地融入幼儿的一日生活。如晨间点名活动的融合：将每天单调、呆板的点名加入旋律、声势、节奏等音乐元素后会变得充满活力，孩子们每天都非常期待。还有各活动过渡环节的融合：每天，孩子们做完早操回到班上可放一些好听的田园音乐、轻音乐，如《班得瑞音乐作品集》，轻

柔的、空灵的、源自大自然的声音能净化人的心灵，能安抚人的情绪，亦能提升人生命的质量。当孩子们喝完水、换完衣服后，教师还可适当地引导幼儿感受音乐的情绪及变化，鼓励幼儿用肢体语言去表达自己的感受。班得瑞的音乐是可以在孩子们的心中引起共鸣的，如欣赏《寂静山林》时，孩子会想到鸟儿、树、小草、花儿……表现力强的孩子还能用肢体动作甚至眼神随音乐起舞。餐前活动环节也不要错过，餐前的5分钟，我最喜欢和孩子们玩节奏听辨和模仿游戏，除了拍奏自己的小身体，餐桌也是孩子们最爱的打击乐器，每个孩子都乐在其中。

奥尔夫音乐教学法，是世界上影响最广泛的音乐教学体系之一，适用于儿童，追求动作、语言、舞蹈、表演的紧密结合，是一种孩子们必须亲自参与的音乐活动。如果要用一些关键词来描绘对奥尔夫音乐教学的理解，我觉得就是"创造""自由""享受""个性""合作"。我的挚友"奥尔夫"一直启示着我：每一样平凡的东西都能具有无穷的想象、都能制造出美妙的音乐，生活无处不是音乐，我们可以在音乐中大胆地尝试，在音乐中学会与同伴交流、相互信任与合作，在音乐中享受自由和快乐。

杨燕婷

2020年4月30日

我愿做那提灯的人

作为一名幼儿教师，在师范院校曾接受过系统性学习，掌握了丰富的文化知识，练就了一定技能，自认为对幼教行业甚是了解。然而，当我满怀信心踏入幼儿园大门之际，便发现自己懂的只是一点点皮毛而已。幼儿园的孩子生动、活泼，而我在学校所学的仅是文化理论。所以，难免会失去工作方向。幸好，孩子们成了我的"小老师"，在与其交往中，我们相互促进、共同成长。

进入幼儿园，呈现在眼前的是一群爱嬉笑玩闹的孩子。面对他们，我顿时失去了信心，一时间竟不知所措。就在此时，一位老教师将正在一旁哭泣的孩子揽入怀中，竟发生了逆转——孩子停止了哭泣，在教师的安慰下露出了笑脸。我顿然感悟，爱与被爱原来真的是同时发生的。正是因为幼教工作者从小事抓起，无怨无悔地付出与奉献，才真正打动了孩子的心，换来了孩子们纯真的笑脸与真挚的爱。顿时间，我萌生了新的想法：在日后与孩子交流之际，我也要向这位"前辈"学习，尽量"蹲下来"与孩子沟通，耐心地听从他们的想法，不仅做他们的老师，还要做他们的朋友，必要之时还要向他们取经，从而促使自己与他们一同成长。

　　从小事做起，学会关爱他人。由于园里要定期统计班级学生的"家园手册"，在一日统计该手册时，我发现有几名幼儿的家庭状况，我并不了解。尽管脑海中早已浮现了他们的形象，却不知如何下笔。就在这时，我突然意识到原来是我忽略了他们。这部分孩子性格相对内敛，很容易被人贴上"与世无争"的标签。在日常学习、生活中，他们并不会用调皮事件来吸引教师的注意。同样，也不会用机智手段来博得他人目光。在自主学习或者与其他小伙伴一起玩耍之际，很少与他人产生争执，更不会出现打架的状况。调皮捣蛋的对象名单中，很少出现他们的名字。当然了，在表扬的对象中也经常找不到他们的踪迹。正是这种"与世无争"的状态，让我差点忽视他们。不可否认，这一部分幼儿在班级内占据了极大的比例。在开学初始阶段，我便意识到了自身的错误，实乃不幸中的万幸。作为教师，了解幼儿、关心幼儿是我的分内之事，正是因为这次"家园手册"事件警醒了我，日后我一定要多与这部分孩子进行沟通，真切感受其内心想法，帮助其展现自身价值。此外，也启示着我要主动发现他人的美好，正如这一部分性格内敛的孩子，如

果我不主动接触他们，则很难与他们"打成一片"。

原谅小错误，从自身找问题。在一日午间游戏活动时，小航同学跑过来跟我说，别的小朋友都有玩具，只有他没有。在我印象中，小航天真好动，特别爱捣乱，也特别爱欺负同学……我以为他只是跟我开了一个玩笑。于是，我便指示他自己去寻找玩具，告诉他去与其他小朋友一同商量，与他人一同分享玩具。然而，当我再一次将视线转移到小航身上的时候，就发现他正在抢其他小朋友的玩具。这时，我并不打算去阻止他们，毕竟适当的争吵，可以进一步提高孩子们的社交能力，让他们更快地找到解决问题的技巧，并且还能提高他们解决问题的能力。这时，只见两个孩子争吵得越来越激烈了，小航更是生气地一把夺过玩具，将玩具扔远了，转身间又跑去抢其他小朋友的玩具。看到这一景象，我一下子怒了，心想难道他就没有将老师的话放在心中吗？怎么还三番五次地去抢其他人的玩具呢？真是一个"不听话"的孩子。我平息了一下情绪，走过去对其教导一番，将其手中的玩具拿了过来，还给另一名小朋友。这时，小航站在一旁一声不吭、满脸通红。转瞬间，当我将目光瞄向四周，便意识到：原来不是小航有意抢玩具，而是他实在找不到玩具了。归根结底，问题在于园内物料投放不足。于是，我认真地分析了自己的错误，并在事后向小航道歉，邀请他与自己一同重新投放物料、玩具等。在重新投放物料的过程中，我与小航的关系变得更融洽，他学会了如何正确地获取玩具，我也意识到了不要一味指责孩子们的错误，应以宽容的心态包容他们，并剖析原因。如果在错误面前，只是面红耳赤地埋怨孩子，势必会令其产生抵触情绪，甚至还会造成难以挽回的"误会"。

两面看问题，善于鼓励他人。元元在班级里是有名的漂亮"天使"，她有一张鹅蛋脸，特别喜欢穿裙子，每天都穿着不同颜色的裙子，鞋子上一尘不染，即使在雨天，她也会经常用湿巾擦掉自己鞋子上

的泥泞。就是这样一个干净的女孩子，获得了很多小伙伴及教师的喜爱、宠爱。然而，她在幼儿园的集体生活中，却遇到了很多麻烦。

有一日，如厕时间，我带领同学们去卫生间小便，元元也跟着走过来了，其他小朋友都在教师提示下自行操作，可元元却站在一旁一动不动。当我问起她原因，她便娇滴滴地说道："我忘记要怎么做了。""没关系，老师来教你。"这时，元元看了看厕所，竟然往后退了几步。我意识到，原来她在嫌弃厕所脏。于是，我立马拿来拖布将厕所清洁了一下。从这次以后，每到如厕时间，事先我都会将厕所打扫得干干净净。还有一次，孩子们都在开心地玩滑梯，我发现元元却站在滑梯一侧发呆，我问她怎么了，她说："滑梯太脏了，会弄脏我的小裙子。"在那次活动课上，元元就自己站在一旁跳跳绳，不愿意与其他小伙伴一起玩滑梯。元元爱干净，本是一个好习惯。但凡事都具有"两面性"，太爱干净了，就会令她错过了自我锻炼以及与小朋友交往的时机。那么，如何能让元元这一类同学既保持良好的卫生习惯，又能大胆地参加集体活动呢？首先，应积极表扬他们，令其增强信心。例如，当我看到元元的表情后，就要抓住时机表扬元元"爱干净"，并告诉其他小朋友，让他们观察元元的衣服、手、鞋子，尽量做一个注重卫生的好孩子，以此为全体幼儿树立榜样，增强元元这一类同学的信心。其次，在参加集体活动之前，为了能彻底消除孩子们的顾虑，教师应详细介绍所有玩具都是消过毒的，所有公共场所都经教师认真打扫过，大家完全可以放心地使用、接触，而且我们在参加集体活动后，都会用洗手液清理手部，脏东西也会被我们洗掉，所以可以放心地去玩耍。

总的来说，每一个孩子都像是一本书，需要教师仔细钻研，才能读懂、读透。同样，在教师阅读孩子这本书的过程中，也会被书中释放的魅力而感染，从而有心得，有感悟，真正实现"师生共长"的教学目标。幼教工作虽辛苦，但妈妈及众多"前辈"都在无形中给了我信心。

妈妈曾经也是一名幼教工作者，在我的生活中、工作中早已扮起了"教师"的角色，正是她的教育精神指引着我在幼教事业上勇往直前。相信只要我们幼教工作者不懈努力，一定会与幼儿共同成长、进步。我是幼儿园教师，一名普通的幼儿园教师，每天陪着孩子玩耍，陪着孩子慢慢长大。一名普通教师没有轰轰烈烈的先进事迹，也没有催人泪下的感人故事，我愿做那提灯的人，照亮、温暖孩子一生。我要追逐我的梦想，在此放飞新的希望。

黄 敏

2020年5月16日

来，一起踏上研究之旅吧

今年的春季，是一段特殊的时光，由于新冠疫情的防控，我们和同事及好友们不能相见，却也因此借助现代通信工具与更广阔的朋友们建立起了联系。在6月初的时候，我作为学前教研中心组的一员，通过钉钉群直播和全市的幼教同行们分享了"在研究中成长"这个话题，盼望着通过这样的交流分享，能与更多志同道合的小伙伴，一起踏上令我们心驰神往、欢欣雀跃的幼儿教育研究之旅！

我虽然是学前教育硕士研究生毕业，但在十来年的幼儿园工作过程中，研究对我而言，也总是有那么一些琢磨不透的感觉。研究生阶段学习的研究，一板一眼，从研究问题的提出，到文献的查阅，研究假设的确立，研究方法的选择，研究工具的编排，研究结果的统计与分析，研究结论的提出与讨论，环环相扣，缺一不可，似乎每一步都要深入挖掘。做研究生毕业论文的时候，我开展的是教师在课程管理中角色定位的研究，一个研究从最初的选题到完成答辩，经历了超过一年的时间。

我刚开始进入工作岗位的时候，忙着学习和积累各种带班的经验：怎么照顾小朋友们的饮食起居？怎么为小朋友们组织各种各样有趣的活动？怎么与家长沟通，获得家长的信任和配合？怎么创造良好的安全卫生条件？那时，研究好像离我越来越远，唯一的研究，似乎都落到了写写论文而已。

随着工作的深入与教育观念的转变，特别是学习故事，这种叙事性的教育记录与评估方式的兴起，我与越来越多的伙伴们达成共识，作为普普通通的幼儿教师，也可以是一位真真切切的研究者。研究其实就在我们的身边，在孩子们的日常游戏中，在班级环境的创设中，在与家长的谈话与交流中。回头望望自己的研究道路，从之前单纯局限的课题申报、数据分析和发表论文，到后续拓宽的日常幼儿观察评估、教师教育活动探究和家园资源的互利共生等，密度在不断地在扩展，也令自己的成长之路变得明媚敞亮！

在探索的道路上，我对"研究"的内涵有了逐步深入的理解。在定义上，研究是指人对事物真相、性质、规律等进行的无穷尽的积极探索，由不知变为知，由知少变为知多。简单地说，"研究"就是一个认真地提出问题，并以各种各样的方法寻找问题答案的过程。可见，当我们在工作和学习中存在疑惑，将疑惑凝练为问题，并通过各种努力来解决这些问题的时候，研究也就悄然发生。

我们如何找到研究的契机，踏上研究之旅呢？我认为需要登上四步

台阶。

首先，我们要与我们的研究对象建立联结。研究对象最主要的就是幼儿，其次还有教师、环境、园所、家庭等，可以按照布朗芬布伦纳的生态系统体系，以幼儿为中心，向外层层探寻。与幼儿建立联结的过程最为稚趣，微笑、眼神、抚摸、拥抱和交谈，都是与幼儿建立联结时极为天然的方式。总是记得孩子们对我们表现出友好的时候，会试探性地、迅速地用小手指触碰一下我们；当更加信任我们的时候，就会伏在我们的耳边，悄悄地说起他昨天收到礼物时的欢喜；当满心热爱的时候，就会扬起笑脸兴高采烈地扑进我们的怀里……

其次，就是向孩子们学习，始终保持旺盛的好奇心和探索欲。孩子们见到爬行的小虫、绽放的花朵、天边的彩虹，会瞪大眼睛、屏住呼吸，仿佛这些新奇的事物会被惊扰消散一般。我们作为教师，也是一样，也应该如此这般，珍惜在孩子的身边用心观察的机会，在这个过程中，保持敏感，发现待研究问题的蛛丝马迹。记得在一次美工活动中，孩子们用各色大小基本一致的三角形碎纸片贴进圆圈里，碎纸片颜色和散布并没有什么规律。一个孩子用手指点数了自己贴的片数，说是12片；旁边的孩子说，你乱数，于是开始手口一致地点数，最后得出的是10片，10片是正确的数。作为教师，看到这一幕，觉得十分有趣，前面一个孩子为什么会出错，后面这个孩子在数对的过程中运用了什么认知策略，在后续的教育活动中，如何推动两人以及班上幼儿该方面的发展，成了萦绕在我头脑中的一个问题，这可以形成一项与幼儿的数学能力发展相关的研究问题。

再次，要不断修炼开展研究所必需的基本功。有一句话说得好，叫作"皮之不存，毛将焉附？"教师要开展研究，就如同要长成并梳理自己的羽毛，不管是细小的绒毛，还是艳丽的冠羽，都需要附着在健康有营养的基底皮层之上。这基底皮层，就是教师必备的基本功，包括：教育学、心

理学的基础知识；对研究工具、研究方法的基本掌握；对幼儿、对各种教育现象的熟悉和敏感等。每天或每周，我都会抽出一些时间来阅读感兴趣的专业书籍，有段时间遇到了环境创设的问题，就会在当当上以"幼儿园环境"为关键词检索相关图书，挑选一些回来研读；有段时间对"幼儿美育"感兴趣，就在知网或豆丁网上检索相关论文，来了解和阅读；有段时间对"诗词"感兴趣，就在上班的路上，听樊登读书讲《杜甫传》《苏东坡传》；还有每天都该听听看看的"学习强国"，里面汇聚的学习资源优质权威；另外，我还报读了网络的一些进修课程，比如"儿童心理发展"课程班，可以观看到远在千里大专院校的导师们讲授的课程。学习和提升的途径许多许多，对工作事务繁多的我们而言，要坚定信心，抽出时间来有目的、有热忱地精进自己的专业是非常重要的。

最后，就是踏上研究之旅的最关键一步，制定研究方案，这是令研究落到实处的一步。以前文提到的幼儿数学能力发展的问题为例，首先需要具有研究的意识和善于捕捉的眼睛，继而将看到的相关现象记录和描述下来；接着对照《3-6岁儿童学习与发展指南》和儿童数学能力发展规律等专业书籍中的观点，看看孩子们处于何种阶段；然后，评估孩子们发展的水平，找到优势也发现劣势；并从书籍、同伴、专家那里获取启发，制定促进方案并付诸实施；并在实施过程中不断探究和改进。这也就水到渠成地构成了一项行动研究的基本过程。

其实，研究并不高远，当我们潜下心来贴近孩子的时候，当我们沉下心来观察孩子的时候，当我们献出一份诚心希望孩子们茁壮成长的时候，研究也就成了如同我们的呼吸一样，自然而然成了我们专业成长道路上无法离开的清新空气。

崔丽娟

2020年6月26日

智慧的种子

许斯涵 6岁